Steven Carr Reuben
Charakterstarke Kinder kommen weiter

Steven Carr Reuben

Charakterstarke Kinder kommen weiter

Welche Werte unsere Kinder brauchen

Aus dem Amerikanischen
von Christine Meyer

Herder
Freiburg · Basel · Wien

Titel der amerikanischen Originalausgabe:
Children of Character.
Leading Your Children to Ethical Choices in Everyday Life.
A Parent's Guide
© 1997 Canter & Associates, Inc.

Gedruckt auf umweltfreundlichem,
chlorfrei gebleichtem Papier

© für die deutsche Ausgabe:
Verlag Herder Freiburg im Breisgau 1998
Satz: Fotosetzerei G. Scheydecker, Freiburg im Breisgau
Herstellung: Freiburger Graphische Betriebe 1998
ISBN 3-451-26496-X

Inhalt

Dieses Buch ist meiner Stieftochter Gable gewidmet. Durch sie habe ich mehr über ethische Erziehung gelernt als durch alle Bücher, die ich je gelesen habe, und mehr Freude, Zufriedenheit und Erfüllung in meinem Leben gefunden, als ich je für möglich gehalten hätte. Wenn alle Kinder so liebevoll wären wie sie, so rücksichtsvoll und mitfühlend mit allen großen und kleinen Geschöpfen und außerdem diese besondere seelische Zartheit besäßen, dann wäre diese Welt wahrhaftig ein wundervoller Ort.

Einleitung:
Kinder zu charakterstarken Menschen erziehen – eine Herausforderung

*Vom Tage seiner Geburt an muß man ein Kind
Dinge lehren. Die Kinder von heute lieben den
Luxus zu sehr. Sie haben verachtungswürdige
Manieren, mißachten Autorität und haben
keinen Respekt vor den Alten. Sie erheben sich
nicht mehr, wenn ihre Eltern und Lehrer den
Raum betreten. Was für schreckliche Menschen
werden sie sein, wenn sie erwachsen sind?*
                                    Sokrates, 399 v. Chr.

Vor nicht allzu langer Zeit ging in Südkalifornien eine
bemerkenswerte Geschichte durch die Medien. Es ging
um Tom und Pauline Nichter und ihren elfjährigen Sohn
Jason. Sie hatten auf der Straße eine Brieftasche gefunden, in der sich mehr als zweitausend Dollar Bargeld,
eine Kreditkarte, ein Paß und ein Flugzeugticket befanden. Was die Geschichte so außergewöhnlich machte,
war nicht der Umstand, daß sie alles der Polizei über-
geben hatten (die den rechtmäßigen Besitzer ausfindig
machen konnte), sondern daß Tom und Pauline seiner-
zeit arbeitslos waren, die Familie ohne Obdach war und
in ihrem Auto wohnte.

Ich sah die Nichters in einem Interview in den Abend-
nachrichten. Als selbst die Polizei nur noch ihr Stau-
nen zum Ausdruck bringen konnte, entgegnete Pauline

schlicht, „Wir haben nur das getan, wozu wir erzogen worden sind – wir waren ehrlich." Ja, es sei verlockend gewesen, das Geld einfach zu behalten, gab Tom zu. Aber er habe immer wieder gedacht: „Was ist, wenn der Besitzer der Brieftasche außer diesem Geld nichts mehr in der Welt besitzt?" Und Tom hatte gerade erst am eigenen Leib erfahren müssen, wie schnell jemand, der eben noch ein normales Leben geführt hat, auf der Straße landen kann. Er konnte das Geld einfach nicht behalten.

Als Folge der Berichterstattung in den Medien griffen Menschen im ganzen Land in die eigene Tasche und sandten den Nichters kleinere und größere Geldbeträge zur Unterstützung. Sowohl Tom als auch Pauline wurden Stellen angeboten. Man half ihnen, eine Wohnung zu finden, und zu guter Letzt hatten sie über sechzehntausend Dollar durch die Großzügigkeit fremder Menschen erhalten, die von ihrer Ehrlichkeit und ihrer Zivilcourage gerührt waren. Beim fassungslosen Blick auf Kiste um Kiste voller Briefe und Spenden, lachte Pauline Nichter plötzlich auf und sagte: „Daran ist nur meine Mutter schuld."

Während ich mir all dies ansah, kam mir zweierlei in den Sinn. Zuerst dachte ich, wie beglückt jeder von uns an der Stelle von Pauline Nichters Mutter sein würde im Bewußtsein, welch nachhaltigen Eindruck die eigenen moralischen Grundsätze auf unser Kind hatten. Dann dachte ich an die eindrückliche Erfahrung, die der elfjährige Jason durch das Beispiel seiner Eltern machen durfte. Da stand er vor den Kameras, strahlend vor Stolz, das Richtige getan zu haben. Selbst unter den schlimmsten Umständen wird er immer die Möglichkeit haben, sich bei jeder ethischen Entscheidung, die er treffen muß, nach dem großartigen Vorbild seiner Eltern zu richten.

Als Eltern möchten wir, daß unsere Kinder gut sind, rücksichtsvoll und mitfühlend. Wir möchten, daß sie die innere Gewißheit haben, daß es wichtig ist, wer sie sind, was sie tun und wie sie sprechen und daß es eine Rolle spielt, was für eine Art von Menschen aus ihnen wird. Unser Alltag ist voll von Beispielen ethisch geleiteten Verhaltens. Im Gegensatz zu dem der Nichters jedoch wird unser Verhalten nicht (öffentlich) anerkannt und gelobt. Wir verpassen manche Gelegenheit, unsere Kinder durch unser Beispiel anzuregen und zu erziehen. Und dennoch ist die moralische Erziehung unserer Kinder eine der wichtigsten Aufgaben, die wir als Eltern zu meistern haben. Vereinfacht gesagt: Was für Kinder wir großziehen, bestimmt darüber, in was für einer Welt sie leben werden.

Ich bin nun seit mehr als zwanzig Jahren im Bereich der spirituellen und moralischen Erziehung tätig, als Rabbi und Lehrer, in der Lehrerausbildung und als Spezialist für kindliche Entwicklung. Bei meiner Arbeit mit Eltern und Kindern aller Altersstufen in all diesen Bereichen tauchen immer wieder dieselben Fragen auf: „Wie lehrt man ein Kind ethisch geleitetes Verhalten? Welche Ratschläge können Sie mir geben, damit ich meinen Kindern helfen kann, die richtigen Entscheidungen im Leben zu treffen? Gibt es einfache und konkrete Regeln und Leitlinien, nach denen ich mich in der Erziehung richten kann und die dazu beitragen, bei meinen Kindern die Fähigkeit zu ethisch begründeten Entscheidungen zu entwickeln?"

Wie bringt man einem Kind ethisch geleitetes Verhalten bei? Wie lernen Ihre Kinder, richtig und falsch zu unterscheiden? Wie bringen wir ihnen bei, Menschen zu sein, die die Qualität des Lebens in unserer Welt verbessern und nicht verschlechtern? Wie können wir jenen Sinn für Moral, Werte und soziale Verantwortung an sie weitergeben, der so zentral für die Entwicklung einer grundlegenden Anständigkeit ist, die unsere Gesellschaft braucht, um fortzubestehen? Wie läßt sich Kindern ein guter Charakter beibringen?

Dies sind einige der Fragen, die in meinem Buch *Charakterstarke Kinder kommen weiter. Welche Werte unsere Kinder brauchen* beantwortet werden.

Dieses Buch soll Ihnen helfen, auf einfache und konkrete Weise herauszufinden, was Sie tun können, um Ihre Kinder zu ethisch begründetem Verhalten zu erziehen. Es kann Ihnen dabei helfen, die Werte zu verstehen, die Sie Ihrem Kind vermitteln wollen, und Ihnen zeigen, wie andere Eltern aus alltäglichen moralischen Beispielsituationen eindrückliche Lehren für das Leben allgemein gemacht haben.

Es ist mein Wunsch, Ihnen realistische Leitlinien und präzise, konkrete Strategien und Techniken an die Hand zu geben, die Ihnen bei der Kindererziehung in der heutigen Welt helfen. Auf Seite 17 finden Sie eine Liste der Themen, die wir behandeln werden. Wir werden gemeinsam erkunden, was vor sich geht, wenn Sie mit Ihren Kindern eine moralische und ethische Vision für ihr tägliches Leben erarbeiten.

■ Der Unterschied zwischen Ethik und Moral

Die Begriffe „ethisch" und „moralisch" werden oft verwechselt und synonym gebraucht. Um für dieses Buch Unklarheiten zu vermeiden, möchte ich folgende Unterscheidung treffen: „Ethisch" leitet sich aus dem griechischen „ethos", „Charakter, wesentliche Qualität" her, während „moralisch" vom lateinischen „mores", „Sitten, Gebräuche" kommt.

Daraus geht klar hervor, daß ein Verhalten ethisch begründet ist, wenn es mit allgemeingültigen, idealen Grundsätzen übereinstimmt, die grundlegenden, „wahren" charakterlichen Qualitäten entsprechen, unabhängig von der jeweiligen Gesellschaft oder dem jeweiligen Zeitalter, in dem der einzelne lebt. Ganz im Gegensatz zu solchen allgemeingültigen ethischen Grundsätzen kann ein Verhalten immer noch als moralisch gelten, wenn es nur mit den jeweiligen Grundsätzen und Gebräuchen übereinstimmt, die in einer bestimmten Gesellschaft gelten.

Der Unterschied zwischen Ethik und Moral wird verständlich, wenn man betrachtet, wie sich unsere Reaktion auf die Ehescheidung und deren gesellschaftlicher Stellenwert in den vergangenen Jahren gewandelt haben. Früher war eine Scheidung derart rufschädigend (besonders für Frauen), daß man darüber nur im Flüsterton sprach – ebenso wie über Dinge, die sonst ans Skandalöse grenzten. Damals wurde eine Scheidung als unmittelbarer Ausdruck des grundlegenden ethischen Charakters eines Menschen betrachtet. In der heutigen Gesellschaft hingegen ist die Ehescheidung so alltäglich geworden, daß sie in vielen Kreisen als normaler Bestandteil des Lebenslaufs angesehen wird, ebenso wie Geburt, Heirat und Tod.

Von daher könnte man mit Recht behaupten, daß sich die Moral unserer Gesellschaft in der zweiten Hälfte des zwanzigsten Jahrhunderts so gewandelt hat, daß heute die Beendigung einer Ehe durch die Scheidung zwar als

Unglücksfall für die Betroffenen betrachtet wird, nicht mehr jedoch als Ausdruck ihrer ethischen Haltung oder ihres Charakters. Die ethischen Fragen und Probleme, die weiterhin in Ehe und Ehescheidung eine wichtige Rolle spielen, konzentrieren sich auf allgemeine Wertvorstellungen wie die Frage danach, wie wir grundsätzlich mit anderen Menschen umgehen sollten, nach der Integrität, die jemand in seinem Leben und seinen Beziehungen an den Tag legt und danach, inwiefern persönliche Charaktereigenschaften wie Fairneß, Mitgefühl und Bewahrung der Würde während der Scheidung selbst zum Tragen kommen.

Ob eine Handlung ethisch oder moralisch ist, hängt also von der Allgemeingültigkeit und Zeitlosigkeit der jeweiligen Verhaltensmaßstäbe ab. Sehr oft ist ein bestimmtes Verhalten zugleich allgemeingültig (ethisch) und in Übereinstimmung mit herrschenden Grundsätzen (moralisch); daher werden die Begriffe „Ethik" und „Moral" häufig synonym verwendet. Die gesamte ethische oder moralische Verfassung einer Person macht ihren Charakter aus, und genau dies ist es, womit wir uns hier beschäftigen wollen.

Dieses Buch soll Eltern und Lehrern dabei helfen, den Charakter von Kindern auf eine Weise zu festigen, die ihnen ermöglicht, ihr Leben in der Einsicht zu leben, daß es bestimmte Arten des Umgangs mit Freunden, Familienmitgliedern und Fremden gibt, die Ausdruck eines grundlegenden, allgemeingültigen ethischen Kodex sind. Dieser Kodex gilt unabhängig von Rassenzugehörigkeit, Geschlecht, Sprache, Herkunft, wirtschaftlichem Status und Altersgruppe. Eltern sollten also das Rüstzeug erhalten, um ihre Kinder dazu zu befähigen, im täglichen Leben ethisch geleitete Entscheidungen zu treffen.

Was Sie in diesem Buch lernen werden

In diesem Buch finden Sie Leitlinien und Strategien, wie Sie Ihren Kindern helfen können, ihr Leben in ethisch und moralisch verantwortungsbewußter Weise zu führen. Sie werden lernen, wie Sie

- die Ziele formulieren können, die Sie in bezug auf die ethische Entwicklung und Charakterbildung Ihrer Kinder haben,
- Ihren Kindern helfen können, Kraft aus ihrem Selbstvertrauen zu schöpfen,
- sich nach den grundlegenden ethischen Maßstäben richten können, die seit langem in unserer Kultur verankert sind,
- jeden Tag Gelegenheiten wahrnehmen können, um Ihren Kindern moralische Richtlinien mit auf den Weg zu geben,
- gemäß den besten neueren Theorien Verhaltens- regeln für das Zusammenleben zu Hause erstellen können,
- von Experten etwas über die verschiedenen Stadien moralischer Entwicklung bei Kindern erfahren kön- nen,
- damit umgehen können, wenn Freunde und Gleich- altrige Druck auf Ihre Kinder ausüben,
- Ihren Kindern allgemeingültige „Lebensregeln" und kurze, einfache Leitsätze mitgeben können, die den ethischen Traditionen unserer Kultur entsprechen,
- den Anstoß dazu geben können, daß sich Ihre Familie zu moralischer Verantwortung in der Gesellschaft und in der Welt bekennt,
- Ihren Kindern vermitteln können, daß das Leben grundsätzlich Sinn und Wert hat.

■ Warum unsere Kinder ethische Erziehung brauchen

Kindererziehung erfordert heute auf vielfältige Weise besonders viel Mut. Wir werden vor Anforderungen gestellt, von denen man vor ein bis zwei Generationen noch nicht einmal geträumt hätte. Die Welt, in der unsere Kinder aufwachsen, wird für Eltern zusehends komplexer und verwirrender, und das Leben unserer Kinder unterscheidet sich grundlegend von dem der Kinder vergangener Zeiten. Wir und unsere Kinder sehen uns ständig mit einer Vielfalt an Werten und Beispielen ethisch geleiteten Verhaltens konfrontiert, sei es durch Freunde und Familienmitglieder, durch die Medien oder durch religiöse Institutionen und durch Politiker. Die Entscheidungen, die wir als Eltern treffen und vor denen unsere Kinder stehen, erscheinen heute um ein vielfaches bedeutender, schwerwiegender und von lebensbedrohlicherem Ausmaß als in der Vergangenheit. Kindererziehung heute ist ein Sprung ins Ungewisse. Oder, wie es einmal jemand formuliert hat: „Sich für ein Kind zu entscheiden bedeutet, für den Rest seines Lebens sein Herz außerhalb des Körpers herumlaufen zu lassen."

Vergleichen Sie nur die beiden folgenden Listen von Problemen, die von Lehrerkollegien 1940 und 1987 erstellt wurden (aus einer Studie von Magid und McKevey). 1940 befanden sich unter den sieben größten Problemen der Schule: unaufgefordert sprechen, Kaugummikauen, Lärmen, Rennen in den Fluren, Drängeln, Verstöße gegen die Kleiderordnung und Trödeln. 1987 waren diese Sorgen abgelöst worden durch Drogenmißbrauch, Alkoholmißbrauch, Schwangerschaften, Selbstmord, Vergewaltigung, Raub und tätliche Übergriffe.

Diese Veränderung spiegelt sich im sozialen Gefüge unserer Umwelt wider: im Zusammenbruch traditioneller Werte, in unserer Kultur des oberflächlichen Konsums und in der stetig ansteigenden Scheidungsrate, durch die es in unserer Kultur inzwischen mehr Formen familiären Zusammenlebens gibt als je zuvor. All diese Kräfte wirken sich auf die möglichen Strategien der Kindererziehung aus. Eltern klagen mir oft, daß sie fürchten müssen, wegen der vielen äußerlichen Einflüsse auf das Leben ihrer Kinder ihre Einflußmöglichkeiten zu verlieren. Unsere moralische Verankerung wurde gekappt; wir befinden uns bei der Erziehung auf unerforschtem Gebiet.

Es gibt eine alte Geschichte von zwei Männern, die in einem Ruderboot umhertreiben. Plötzlich holt der eine der Männer einen Handbohrer hervor und beginnt, ein Loch in den Boden des Bootes zu bohren. Als er sieht, was da vor sich geht, ruft sein Partner (in verständlichem Entsetzen): „Bist du verrückt? Was machst du da? Du versenkst ja das Boot!" Darauf antwortet der Mann mit dem Bohrer gelassen: „Was hast du? Ich bohre nur unter *meinem* Sitz."

Es ist nun einmal so, daß „wir alle im gleichen Boot sitzen". Es führt kein Weg um die Verantwortung herum, die daraus entsteht, daß wir mit jedem anderen Menschen auf dieser Erde verbunden sind. Wenn unser Planet überleben soll, dann muß alles, was wir unseren Kindern mit auf den Weg geben, in diesem tiefen und wesentlichen Gedanken gegründet sein.

■ Wie wir ethische Werte vermitteln

Kinder lernen ethisches Verhalten in der Familie, im Umgang mit Freunden und ihrem sozialen Umfeld. Die Sensibilität für die Bedürfnisse anderer, die einen ethisch verantwortungsbewußten Menschen ausmacht, kann sich nur durch diese Art Umgang entwickeln. Nur im Kontakt mit anderen lernen Kinder gegenseitigen Respekt, entwickeln sie Gerechtigkeitssinn, ein Gespür für Fairneß und die Einsicht, daß wir aufeinander angewiesen sind.

Die Familie bildet natürlich das wichtigste und unmittelbarste Modell, anhand dessen Kinder ihren Sinn für richtiges und falsches Verhalten entwickeln können. Kinder beobachten, erlernen und imitieren in der einen oder anderen Form die Handlungsweisen ihrer Eltern und Geschwister. Nach dem Vorbild ihrer Familie bilden Kinder ihre Wertvorstellungen, und durch sie erlernen sie diejenigen Verhaltensmuster, die für sie ein Leben lang bestimmend bleiben werden.

Im Familienverband entdecken Kinder, was von jedem einzelnen erwartet wird und daß jedem einzelnen eine bestimmte Rolle zukommt. Hier lernen Kinder, was von einem Elternteil, einem Bruder oder einer Schwester erwartet wird. Sie lernen, wie ein Erwachsener mit seinem Ehepartner und seinen Kindern umgehen soll. Sie lernen, welche Verhaltensweisen akzeptabel sind und welche nicht, welche als private Angelegenheiten betrachtet werden und über welche offen gesprochen wird. Tag für Tag und Jahr für Jahr sammeln und erlernen sie eine Vielzahl von Informationen darüber, wie Familien funktionieren.

Die Stimme des „inneren Erziehers" beeinflußt unsere Entscheidungen

Eine wichtige Herausforderung bei der Erziehung zu ethisch begründetem Verhalten besteht darin, in Ihren Kindern etwas zu fördern, das ich den „inneren Erzieher"

20

nennen möchte. Wie die sprechende Grille in *Pinocchio* entspricht der innere Erzieher der leisen Stimme des Gewissens, die „ja" oder „nein" flüstert, wann immer wir vor ethischen Entscheidungen stehen. Unsere Aufgabe als Eltern ist es, unsere Kinder mit einem Repertoire an konkreten, persönlichen Erfahrungen auszustatten, auf das ihr Gedächtnis zurückgreifen kann, wann immer eine ethische Entscheidung getroffen werden muß. Dies wird ihnen helfen, gewisse Erwartungen an ihr eigenes Verhalten zu stellen – wie eine innere Stimme, die ihnen zuflüstert, *„Von mir hängt einiges ab. Es ist wichtig, wer ich bin. Es ist wichtig, was ich tue. Es ist wichtig, was ich sage."* Wenn wir eine ethische Ausgangshaltung in ihrem Selbstverständnis „verankern" können, werden Kinder in ihrem ethischen Verhalten schneller selbstbestimmt und selbstkritisch.

Was ist mit diesen Begriffen gemeint? Kinder, die in ihrem ethischen Verhalten selbstkritisch sind, sind Kinder, die eine eigene innere Stimme des Gewissens begleitet. Diese Stimme hält ständig Rücksprache mit ihrem moralischen Empfinden und teilt ihnen mit, ob ein bestimmtes beabsichtigtes Verhalten mit ihrem Sinn für „richtig" und „falsch" vereinbar ist oder nicht. Kinder, die in ihrem ethischen Verhalten selbstbestimmt sind, sind Kinder, deren natürlicher Impuls es ist, mit anderen Menschen in einer Weise umzugehen, die von unserer Gesellschaft als akzeptabel und wünschenswert betrachtet wird.

Kinder erwerben diese Eigenschaften hauptsächlich dadurch, daß ihre Familie ihnen ein Umfeld bietet, in dem es vielfältige Möglichkeiten gibt, positive ethische Entscheidungen zu treffen. Eltern sollten die Erfahrungen, die ihre Kinder mit moralischen Entscheidungs-

situationen machen, auf eine positive und unterstützende Weise begleiten. Dann werden ihre Kinder sie respektieren, bewundern und lieben.

■ Wie lernen Kinder ethisch geleitetes Verhalten? Zehn Regeln

Wie können wir der Herausforderung, charakterstarke
Kinder zu erziehen, begegnen? Wie können wir in
der Familie ein Umfeld schaffen, in dem unsere Kinder
heranwachsen und sich entwickeln können und dabei
ethisch geleitetes Verhalten verstehen und anwenden lernen?

Ich habe zehn grundlegende Prinzipien ausfindig gemacht, die zu diesem Ziel führen – zehn Regeln für die
Erziehung zu ethisch begründetem Verhalten, von denen
jede das Thema eines Kapitels dieses Buches bildet. Am
Ende jedes Kapitels befindet sich eine Liste mit kurzen
Hinweisen auf die erwähnten Methoden, mit denen Sie
bei der Erziehung arbeiten können.

Diese Regeln sind nicht in Stein gemeißelt; ich über-
arbeite und verbessere sie immer wieder. Doch obwohl
Einzelheiten sich ändern mögen, führt jede dieser Regeln
zu einer ganzen Reihe von Strategien und Methoden, wie
man Kindern wertorientiertes Verhalten vermitteln kann.

Regel Nr. 1: Setzen Sie ethische Erziehungsziele

Der erste Schritt zu ethischer Erziehung besteht darin,
sich selbst zu fragen, was für Menschen Ihre Kinder sein
sollen, wenn sie erwachsen werden. Welche Eigenschaften möchten Sie in ihnen besonders fördern? Wie sollen
sie anderen Menschen begegnen? Was für Aktivitäten

sind nötig, was für Erfahrungen sollen Ihre Kinder machen, damit sie diese Ziele erreichen? Je mehr Klarheit Sie sich über diese Fragen verschaffen, desto leichter wird es sein, sich auf mögliche Antworten zu konzentrieren.

Wichtiger als alle Methoden sind die Werte, die Sie Ihren Kindern vermitteln. Wenn wir ehrlich mit uns selber sind, werden wir zugeben müssen, daß nicht alle Werte den gleichen Stellenwert für uns haben. Nur wenigen Menschen würde es nichts ausmachen, in einer Welt zu leben, in der alle Werte als gleichrangig betrachtet werden. Wenn wir nämlich davon ausgehen, daß alle Werte gleich wichtig sind, müssen wir letztendlich feststellen, daß kein Wert mehr wirklich Gültigkeit besitzt. Indem wir „wertneutral" werden, entziehen wir uns unserer moralischen Verpflichtung, ethische Richtlinien für uns und unsere Kinder zu erstellen. Wir können zwar für das Recht des einzelnen eintreten, selbst zu bestimmen, an was er glaubt, müssen aber darüber hinaus davon überzeugt sein, daß der einzelne für die Auswirkungen verantwortlich ist, die seine Werte auf das Leben anderer haben. In diesem Jahrhundert haben wir wiederholt die schlimmen Folgen ethischer Neutralität in der Form von Leiden und Unterdrückung mit ansehen müssen. Wenn wir allen Werten gleiche Gültigkeit zusprechen, legen wir in unseren Kindern den Grundstein moralischer Unbestimmtheit und unterminieren die moralischen Grundlagen unserer Kultur.

Viele sorgen sich jedoch darum, was für Menschen aus unseren Kindern werden, und werden diese Sorge ihr Leben lang mit sich tragen. Als Eltern machen wir uns bestimmte Vorstellungen von den Verhaltensweisen, die unsere Kinder zeigen müßten, damit wir das Gefühl haben, daß unsere Erziehung gelungen ist und daß aus unseren Kindern erfolgreiche, kompetente, rücksichtsvolle und zu ethisch begründetem Verhalten fähige Menschen geworden sind. Im ersten Kapitel, unter Regel Nr. 1, werden Sie erfahren, wie Sie diese Vorstellungen formulieren und in einen konkreten, zielgerichteten Plan umsetzen können.

Regel Nr. 2: Seien Sie moralisches Vorbild

Um Ihren Kindern ethisches Verhalten zu vermitteln, müssen Sie sich im Umgang mit ihnen nach ethischen Grundsätzen richten. Wenn Ihre Kinder ethisch begründete Verhaltensweisen verstehen lernen sollen, müssen Sie in der Familie ein Umfeld schaffen, in dem die ethischen Grundsätze verwirklicht werden, die Sie von Ihren Kindern erwarten. Dies ist eine große Herausforderung, denn es bedeutet, daß ein ethisches Bewußtsein jeden Bereich unseres Lebens als Eltern durchdringen muß.

Es ist wichtig für Ihre Kinder, daß Sie bestimmte Werte repräsentieren, daß Sie klare Maßstäbe haben. Es ist wichtig für sie, daß Sie diese Werte durch Ihre Worte und besonders durch Ihre Taten zum Ausdruck bringen. Im Idealfall werden Sie Ihre ethischen Grundsätze konsequent in einer Weise zu erkennen geben, die das Selbstwertgefühl Ihrer Kinder stärkt und ihnen hilft, die Welt um sie herum als sinnvoll zu erfahren.

Ob es glückt, ein an Werten orientiertes Zuhause zu schaffen, hängt natürlich nicht davon ab, wie viele Elternteile anwesend sind oder wie Ihre Familie strukturiert ist. Ob Sie nun verheiratet sind oder allein leben, hetero- oder homosexuell sind, ob Sie Ihre Kinder allein aufziehen oder innerhalb einer Wohngemeinschaft – die grundlegenden Werte, die für Ihre Kinder gelten sollen, müssen im häuslichen Umfeld ausdrücklich erkennbar gemacht und *gelebt* werden.

Um ein solches „Bewußtsein für ethisch geleitetes Handeln" zu fördern, müssen Sie sich über die Werte, die Sie vermitteln wollen, im klaren sein und ein Leben führen, das mit diesen Werten in Einklang steht. Natürlich werden Ihre Kinder schlußfolgern, daß Ethik und Moral nur aus leeren Sprüchen bestehen, wenn Sie der Außenwelt in einer Weise begegnen, die die Wertkategorien, für die Sie zu Hause eintreten, Lügen straft. Entscheidend ist, daß Sie Ihren Kindern ein Beispiel der Menschen sind, zu denen sie heranwachsen sollen. Unter Regel Nr. 2 erfahren Sie mehr darüber, was Sie alles tun können, um Ihren Kindern konsequent diejenigen grundlegenden ethischen Werte zu vermitteln, die Ihren Umgang mit der Außenwelt bestimmen.

Regel Nr. 3: Stellen Sie realistische, dem Alter angemessene Erwartungen an Ihre Kinder

Ethische Verhaltensweisen sind erlernte Verhaltensweisen. Niemand ist von Geburt an genetisch dazu veranlagt, moralische Entscheidungen treffen zu können. Genauso wie sich körperliche, geistige und emotionale Fähigkeiten über einen gewissen Zeitraum entwickeln, verstehen Kinder ethische Fragestellungen erst mit den Jahren. Und genauso, wie es verschiedene Phasen des Lernprozesses in diesen anderen Bereichen gibt, lassen sich beim Erlernen moralischen Verhaltens ebenfalls mehrere Phasen voneinander unterscheiden.

Eltern sollten sich darüber im klaren sein, daß sie ihren Kindern ethisches Verhalten durch Reden und Handeln auf einem Niveau vermitteln müssen, das dem Alter angemessen ist. Sonst werden die Kinder einfach nicht verstehen, auf was sie hinauswollen. Unter Regel Nr. 3 erfahren Sie mehr über die Stufen moralischer Entwicklung bei Kindern und welche Erwartungen Sie an ihr moralisches Urteilsvermögen in einer bestimmten Altersstufe stellen können. Sie lernen Methoden kennen, die der jeweiligen Entwicklungsphase angemessen sind und die auf natürliche und doch zielgerichtete Weise die Fähigkeit Ihrer Kinder, ethische Entscheidungen zu treffen, fördern.

Regel Nr. 4: Zeigen Sie Ihrem Kind, daß Ihre Liebe nicht an Bedingungen geknüpft ist

Damit unsere Kinder später einmal in der Lage sind, anderen helfend zur Seite zu stehen, brauchen sie die tiefe, innere Gewißheit, daß sie wertvoll , begabt, kompetent und liebenswert sind. Nur Eltern können ihren Kindern bedingungslose Liebe schenken. Es ist eine Art spirituelles Erbe, das jedem von uns zur Verfügung steht, unabhängig von Rassenzugehörigkeit, Religion, Sprache, Beruf und finanzieller Lage. Ihren Kindern bedingungslose Liebe zu geben, ist zweifellos das wichtigste Geschenk, das Sie je in Ihrem Leben machen werden.

Bedenken Sie auch, daß das Selbstvertrauen und das Selbstwertgefühl Ihrer Kinder nicht davon abhängen, ob Sie sie lieben, sondern davon, ob sie sich geliebt fühlen. Alle Methoden, die ich in diesem Buch vorstelle, sollen Ihnen dabei helfen, ein Umfeld zu schaffen, in dem Ihre Kinder Ihre Liebe erfahren und sich dadurch als Menschen wertvoll genug fühlen können, um diese Liebe anderen weiterzugeben. Letztendlich beruht unser gesamtes Selbstwertgefühl allein darauf, ob wir uns als Menschen geliebt und liebenswert fühlen. Unter Regel Nr. 4 möchte ich Ihnen zeigen, daß Sie täglich die Gelegenheit haben, Ihren Kindern zu zeigen, daß Ihre Liebe zu ihnen nicht an Bedingungen geknüpft ist, und dafür zu sorgen, daß sie sich sowohl liebenswert als auch geliebt fühlen.

Regel Nr. 5: Stärken Sie das Selbstwertgefühl Ihrer Kinder

Mahatma Gandhi wurde einmal von einem westlichen Journalisten interviewt, der das indische Volk dafür kritisierte, daß es so wenig „religiös" sei (d. h. so wenig „christlich"). Gandhi antwortete mit einem traurigen Kopfschütteln: „Mein Volk ist so arm, daß ihm Gott nur in Form eines Stückchens Brot erscheinen kann." Gandhi hatte erkannt, daß sich Menschen kaum um höhere Anliegen wie Moral oder die Suche nach dem Sinn und Ziel des Lebens kümmern können, solange ihre grundlegenden Bedürfnisse nicht gestillt sind.

Ähnliches gilt für Ihre Kinder. Bevor Sie sie in der Kunst unterrichten können, ethisch geleitete Entscheidungen zu treffen, müssen Sie erst einmal sicherstellen, daß ihre elementaren emotionalen und psychischen Bedürfnisse befriedigt sind. Diese sind das Bedürfnis nach Geborgenheit und das Bedürfnis, sich geliebt, akzeptiert und umsorgt zu fühlen und ein Recht auf Achtung und Respekt zu haben – kurz, das Bedürfnis nach Selbstachtung. Mit Ausnahme wesentlicher körperlicher Bedürfnisse sind diese Ansprüche wichtiger als alles andere im Leben eines Kindes – wichtiger als Intelligenz, Reichtum, Charme, Schönheit, sogar wichtiger als Bildung. *Kein Kind kann sich auf ethische Fragen konzentrieren, bevor diese emotionalen Bedürfnisse nicht gestillt sind.*

Daher ist es besonders wichtig für die Entwicklung Ihres Kindes, daß Sie seine Selbstachtung stärken. Ein starkes Selbstwertgefühl gibt Kindern die innere Kraft und Ausgeglichenheit, die sie brauchen, um über den eigenen Horizont hinauszugehen. Unter Regel Nr. 5 werden wir dieses Gefühl untersuchen, das wichtiger ist als alles andere, und uns verschiedene Methoden ansehen, wie wir es unseren Kindern vermitteln können.

Regel Nr. 6: Befähigen Sie Ihre Kinder dazu, die Folgen ihres Verhaltens zu verantworten

Leider setzen Eltern häufig Erziehung mit Bestrafung gleich. Doch damit sind sie von der Wahrheit weit entfernt. Erziehung besteht darin, einem Kind bestimmte Handlungsweisen beizubringen. Sie beinhaltet alles, was Sie tun können, um zu dem von Ihnen angestrebten Ziel zu kommen, nämlich daß Ihre Kinder zu erfüllten, vollständigen und ethisch bewußten Menschen werden.

Es ist ganz klar, daß mehrere Wege zu diesem Ziel führen. Kindererziehung ist keine exakte Naturwissenschaft. Sie gleicht mehr einer Kunstform, in der es allgemein anerkannte Regeln und Leitlinien gibt, aber viele verschiedene Möglichkeiten, diese zu interpretieren und individuell anzuwenden.

Eine der wichtigsten dieser Regeln besagt, daß man zwischen *Bestrafung* und *Folgen* als Grundlagen der Erziehung unterscheiden muß. Im Prinzip stellt eine auf Bestrafung beruhende Erziehung eine Form der Machtausübung dar, nämlich *Ihrer* Macht, während eine auf Folgen beruhende Erziehung eine Form freier Willensentscheidung ist, und zwar der Willensentscheidung Ihrer Kinder. Unter Regel Nr. 6 werden wir diese Unterscheidung näher untersuchen. Sie werden lernen, welche Möglichkeiten Ihnen bei der Erziehung Ihrer Kinder offenstehen, damit Sie eine Atmosphäre der Wärme und

Zuwendung schaffen können, in der man sich gegenseitig respektiert – ein Umfeld, in dem Ihr Kind sich geborgen fühlt, Ihre Werte und Erwartungen erfährt und gleichzeitig lernt, unabhängige und überlegte Entscheidungen zu treffen.

Regel Nr. 7: Nutzen Sie Situationen, in denen Kinder etwas über ethisches Verhalten lernen können

Die australische Erziehungswissenschaftlerin Sylvia Ashton-Warner hat sich intensiv mit jenen nicht voraussehbaren Augenblicken beschäftigt, in denen ein Schüler plötzlich offen, neugierig und zugänglich – eben lernfähig – ist. Die Herausforderung für Lehrer besteht nun darin, ein Umfeld zu schaffen, das solche Momente entstehen läßt und fördert. Lehrer sollten sich täglich bewußt sein, daß Schüler sich jede beliebige Handlung zum Vorbild nehmen können und diese dann nachahmen.

Dasselbe gilt für Eltern. Ob wir es wollen oder nicht – wir sind für unsere Kinder die unmittelbarsten Vorbilder. Da wir nie im voraus wissen können, welcher der vielen tausend Augenblicke, die wir mit unseren Kindern verbringen, ihnen im Gedächtnis haftenbleiben wird, besteht die Herausforderung darin, uns *immer* so zu verhalten, daß unsere Kinder es getrost zum Vorbild nehmen können. Nur dann können wir sicher sein, daß unser Verhalten sie an die erwünschte ethische Haltung heranführen wird, ganz gleich, welche Verhaltensmuster sie nachahmen.

Werfen Sie einen Blick auf Ihre eigene Kindheit: Waren die Situationen, die Ihre ethische Entwicklung entscheidend beeinflußt haben, voraussehbar? Ebenso können die wichtigen Situationen im Umgang mit unseren Kindern nicht geplant werden. Sie entstehen meistens spontan. Unter Regel Nr. 7 erfahren Sie, wie Sie solche Augenblicke erkennen und nutzen können, um Ihren Kindern ethisch geleitetes Verhalten nahezubringen. Darüber hinaus werden wir untersuchen, welche Möglichkeiten das ethische Labor beinhaltet, das wir „die Welt" nennen und das aus Alltag, zufälligen Ereignissen und Fernsehen besteht. Sie werden sehen, wie Sie diese Möglichkeiten nutzen können, damit Ihre Kinder sich in wertorientierten Entscheidungen üben.

Regel Nr. 8: Seien Sie auch in Ihren Freundschaften Vorbild für Ihre Kinder

Alle Eltern hätten gerne ein Vetorecht, wenn es um die Wahl der Freunde ihrer Kinder geht. Dann könnten sie die Opportunisten und „Kinder mit schlechtem Einfluß" ausschalten und ihren Kindern wünschenswertere Freunde zuführen. Es ist unmöglich, daß unsere Kinder nur handverlesene Freunde haben, aber wir können die Wahl ihrer Freunde beeinflussen. Dies geschieht am effektivsten durch die Wahl unserer eigenen Freunde. Unter Regel Nr. 8 erfahren Sie, wie Ihre eigenen Freundschaften vorbildlich für die Ihrer Kinder sein können und wie Sie für sich selbst solche Freunde aussuchen, oder besser: selbst solche Freunde sein können, wie Sie sie sich für Ihre Kinder wünschen.

Regel Nr. 9: Machen Sie ethisch geleitetes Verhalten zu einer Familienangelegenheit

Ihre Kinder sollten die Welt so betrachten, als ob auch sie dafür verantwortlich wären, wie sich alles in ihr entwickelt. Das ist letztlich der Sinn – und die wichtigste Herausforderung – ethischer Erziehung. Ihren Kindern ist dies nur möglich, wenn sie erkennen, daß sie mit anderen Menschen im großen sozialen Gefüge des Lebens eng verbunden sind. Diese Erkenntnis muß in der Familie entstehen. Unter Regel Nr. 9 finden Sie Vorschläge, wie Sie ethisch begründetes Verhalten zur Familienangelegenheit machen können – sowohl in bezug auf das Leben in der Familie selbst, d. h. die Verantwortung der Familienmitglieder füreinander, als auch in bezug auf das Leben in der Gesellschaft. So erfahren Ihre Kinder Freude und Erfüllung durch die ethische Verantwortung für andere.

Regel Nr. 10: Vermitteln Sie Ihren Kindern, daß das Leben einen Sinn hat

Kinder müssen einsehen, daß sie mit anderen Menschen verbunden sind, aber sie müssen auch an die Macht des einzelnen glauben. Sie müssen erkennen, daß ihre Entscheidungen wichtig sind, daß ihr Leben wichtig ist und daß alles, was sie tun, wichtig ist.

Ich glaube, unsere Aufgabe als Eltern besteht nicht nur darin, unseren Kindern zu vermitteln, daß sinnvolles Leben möglich ist. Wir müssen ihnen auch vermitteln, daß es in ihrer Verantwortung liegt, ob sie ihr Leben mit diesem Sinn erfüllen können. Durch uns sollen sie erkennen, daß diese Welt eine Vielzahl von Möglichkeiten birgt, Schönheit, Freude, Liebe und andere positive Dinge zu erfahren und an andere weiterzugeben. Unter Regel Nr. 10 lernen Sie, wie Sie Ihren Kindern die Überzeugung vermitteln können, daß das Leben letztendlich Sinn hat, und wie Sie ihnen helfen können, ihre alltäglichen Entscheidungen auf der Basis dieser Überzeugung zu treffen.

■ Jeder Tag bietet neue Möglichkeiten

So zu leben, als ob unser Leben von entscheidender
Bedeutung ist – dieser Grundsatz sollte für Ihre Handlungen und für die Ihrer Kinder gleichermaßen gelten.
Die Herausforderung, die Kindererziehung darstellt, besteht auch darin, daß jeder Tag neue Möglichkeiten bietet, unseren Werten Nachdruck zu verleihen. Viele weise
Philosophen haben erkannt, daß wir jeden Tag so leben
sollten, als ob es unser letzter wäre, daß wir uns vorstellen sollten, wie wir wohl handeln würden, wenn
jeder Augenblick den Lauf der Welt entscheidend beeinflussen könnte. Dies gilt für Kindererziehung genauso wie für alles andere. Versuchen Sie, während Sie über
die Ideen und Methoden in diesem Buch nachdenken, im täglichen Umgang mit Ihren Kindern so gut Sie
können ein Vorbild zu sein, ganz so, als ob von dem
Beispiel, das Sie *heute* geben, abhinge, zu was für Menschen sie sich entwickeln. Leben Sie jeden Tag so, als
ob von den Grundsätzen, die Sie heute weitergeben, abhinge, ob Ihre Kinder die Fähigkeit zu ethisch begründeten Entscheidungen entwickeln. Wenn Sie es tatsächlich schaffen, sich jeden Tag der tiefgreifenden Wirkung
bewußt zu sein, die Ihr Verhalten auf Ihre Kinder
haben kann, wird Ihr Ziel, charakterstarke Kinder großzuziehen, sicherlich um einiges leichter zu erreichen
sein.

Letztendlich entscheiden Kinder selbst
über ihr Leben

Ich habe diesem Buch ein Zitat von Sokrates voran-
gestellt. Kürzlich hatte ich zufällig die Gelegenheit, den
Schulaufsatz eines Mädchens über Sokrates zu lesen. Er

lautete so: „Sokrates war ein griechischer Philosoph, der herumging und den Leuten gute Ratschläge gab. Sie vergifteten ihn."

Diese kleine, beißende Wahrheit ließ mich in meiner Rolle als „Experte" für Kindererziehung wieder ein wenig bescheidener werden. Vielleicht kann sie Ihnen auch eine leise Warnung sein, daß Ihre Einflußmöglichkeiten auf die ethische Entwicklung Ihrer Kinder trotz aller Bemühungen begrenzt sind. Der kanadische Psychiater John White erinnert uns in seinem Buch *Eltern im Schmerz* daran, daß unsere Kinder uns nicht „gehören", sondern daß sie uns nur für einen gewissen Zeitraum anvertraut sind. Es ist unsere Aufgabe, über ihre Entwicklung zu wachen, sie zu erziehen, ihnen Liebe und moralische Orientierung zu geben. Doch unabhängig von unseren Bemühungen, Hoffnungen und Gebeten müssen wir bedenken, daß unsere Kinder letztendlich eigenständige Menschen sind. Was wir auch immer unternehmen, um sie zu ethisch geleitetem Verhalten zu erziehen – sie bleiben frei in ihren Entscheidungen und entwickeln eigene Wertvorstellungen. Diesen weisen Gedanken Dr. Whites möchte ich Ihnen mitgeben, wenn Sie sich nun mit den zehn Regeln auseinandersetzen.

Wie Sie selbst wahrscheinlich auch, suche ich immer nach neuen Einsichten und Erkenntnissen. Ich würde gerne etwas über Ihre Erfolge bei der moralischen Erziehung Ihrer Kinder hören. Ich freue mich über alle Antworten, Vorschläge und persönlichen Erfahrungen, die ich in Zukunft mit anderen teilen könnte. Man kann mich erreichen unter Canter & Associates, P. O. Box 2113, Santa Monica, CA 90407-2113, USA.

Regel Nr. 1:
Setzen Sie ethische Erziehungsziele

Vor einigen Jahren machten wir auf einer Autofahrt zum Grand Canyon in einem Restaurant Mittagspause. An einem der Nachbartische bemerkte ich einen etwa sieben Jahre alten Jungen, der auf sein Essen wartete. Er war ungeduldig, gereizt und offenbar sehr hungrig; er schaffte es gerade noch, auf seinem Stuhl sitzen zu bleiben. Nach einer Zeit, die ihm unendlich lange vorgekommen sein mußte, wurden ihm endlich ein Hamburger und Pommes frites serviert. Er war gerade im Begriff zuzugreifen, als er plötzlich innehielt, seine Hände faltete, die Augen schloß und ein kurzes, stilles Tischgebet sprach. Dann schlug er die Augen schnell wieder auf und langte freudig und erleichtert zu.

Ich war fasziniert. Für die Eltern dieses Jungen war das Beten offensichtlich ein wichtiger Wert. Sie waren anscheinend darauf bedacht gewesen, ihrem Sohn ein moralisches Bewußtsein dafür zu vermitteln, daß man für sein Essen dankbar sein sollte.

Wenn man Kinder zu charakterstarken Menschen erziehen will, kommt es weniger auf die richtigen Erziehungsmethoden oder spezielle Strategien zur Förderung sozialer Kompetenzen an, als vielmehr darauf, die richtigen *Werte* weiterzugeben. Wer wir sind und wie wir leben, ist von viel größerer Bedeutung für die ethische Entwicklung unserer Kinder als alle klugen Methoden und Techniken, die

34

wir in Büchern über Erziehung (wie dieses) lesen können. Daher glaube ich, daß wir, wenn wir unsere Kinder zu ethisch geleitetem Verhalten erziehen wollen, niemals die Vorstellung davon aus den Augen verlieren sollten, wie unsere Kinder als erwachsene Menschen sein sollen.

Beachten Sie, daß ich nicht geschrieben habe, „was unsere Kinder als erwachsene Menschen *tun* sollen". Wir sollten uns mehr Sorgen darüber machen, was für Menschen aus unseren Kindern werden, als darüber, welchen Beruf sie später ausüben werden. Wenn sie die richtige Art Menschen sind, wird alles, was sie tun, einfach dem entsprechen, wer sie sind.

Leider planen viele Menschen ihre Urlaubsreisen mit mehr Sorgfalt als die Ziele, die sie sich für die Erziehung ihrer Kinder setzen. Anstatt im voraus über die Werteerziehung ihrer Kinder nachzudenken und Maßnahmen zu treffen, reagieren die meisten in ganz spontaner und unvorbereiteter Weise auf ethische Herausforderungen im Leben ihrer Kinder. Diese Haltung überläßt natürlich eine ganze Menge dem Zufall. Wie können wir die ethischen Grundsätze, die uns wichtig sind, als angemessene und realistische Ziele formulieren und unseren Kindern helfen, diese zu erreichen? Wie können wir die Werte identifizieren, die auch für unsere Kinder gelten sollen und ihnen Erfahrungen ermöglichen, durch die sie diese Werte für sich akzeptieren lernen?

■ Wie haben Ihre Eltern Sie erzogen?

Beginnen Sie, indem Sie über Ihre eigene Kindheit nachdenken. Überlegen Sie, aus welchen Gründen Sie von Ihren Eltern gelobt wurden. Möglicherweise erinnern Sie sich daran, daß Sie für Erfolg in der Schule oder auf dem Sportplatz gelobt wurden oder für sozialen Erfolg. Vielleicht wurden Sie gelobt, wenn Sie eine Idee hatten, um an Geld zu kommen, oder wenn Sie gegen einen Konkurrenten gewonnen hatten. Aber haben Ihre Eltern nicht auch positive ethische Verhaltensweisen gelobt und anerkannt – zum Beispiel wenn Sie mitfühlend und rücksichtsvoll gegenüber anderen Menschen waren, wenn Sie sich Zeit für einen Freund genommen haben, der in Schwierigkeiten war, wenn Sie freiwillig das Haustier eines Freundes oder den Garten der Nachbarn versorgt haben, während diese in Ferien waren, oder wenn sie einfach im Haushalt mitgeholfen haben?

Das **Arbeitsblatt Erziehungsvorbild** auf den Seiten 37/38 wird Ihnen dabei helfen, ein Bild des Erziehungsstils zu entwerfen, der Ihre eigene Kindheit geprägt hat. Bedenken Sie, daß wir unbewußt und instinktiv dazu neigen, die Vorbilder nachzuahmen, mit denen wir groß geworden sind. Wenn unsere Entscheidungen bei der Erziehung unserer Kinder uns wirklich weiterbringen sollen, ist es daher nützlich, sich so genau wie möglich bewußt zu machen, welche Erfahrungen unser Bild von Elternschaft geprägt haben. (In diesem Buch werde ich Sie immer wieder bitten, Ihre eigene Kindheit nach Prinzipien der Kindererziehung abzuklopfen, die Sie von Ihren eigenen Eltern gelernt haben. Wie so oft im Leben haben die kleinen Dinge eine große Wirkung.)

Arbeitsblatt Erziehungsvorbild

1. Listen Sie fünf Eigenschaften auf, die den Erziehungsstil Ihrer Eltern charakterisieren (autokratisch, demokratisch, unterstützend, beherrschend etc.).

   _____

   _____

   _____

   _____

   _____

2. Nennen Sie drei typische Beispiele für den Umgang
   zwischen Ihren Eltern und Ihnen, als Sie noch ein
   Kind waren.

   _____

   _____

   _____

3. Wenn Sie den Erziehungsstil Ihrer Eltern in irgendeiner Weise hätten ändern können: was hätten Sie
   geändert?

   _____

   _____

   _____

   _____

4. Wenn Sie als Kind Ihren Eltern hätten sagen können,
   daß sie irgend etwas tun oder sagen sollten, was wäre
   es gewesen?

   _____

   _____

   _____

   _____

5. Bei welcher Verhaltensweise Ihrer Eltern haben Sie sich als Kind vorgenommen: „Wenn ich einmal Kinder habe, werde ich das nie tun"? Tun Sie heute das gleiche oder nicht?

_____

_____

_____

_____

_____

_____

_____

6. Was würden Sie an Ihrem eigenen Erziehungsstil ändern, wenn Sie könnten?

_____

_____

_____

_____

_____

_____

7. Versuchen Sie, sich an die drei positivsten Erlebnisse im Umgang mit Ihren Eltern zu erinnern. Welche Eigenschaften Ihrer Eltern machten diese Erfahrungen so schön und unvergeßlich?

_____

_____

_____

_____

_____

_____

_____

■ Stellen Sie sich vor, Sie wären der ideale Erzieher

Früher, als ich viel durchs Land reiste und die bereits erwähnten Seminare für Lehrer abhielt, sagten mir viele Lehrer, daß die größte Schwierigkeit für sie darin bestehe, ein Umfeld für Schüler zu schaffen, das ihre besten Seiten hervorkehrt und sie gleichzeitig dazu anspornt, das zu tun, was man von ihnen verlangt. Um Lehrern dabei zu helfen, diese Schwierigkeit zu meistern, entwickelte ich eine Übung, die ich „Der ideale Erzieher" nannte. Ich bat die Lehrer, sich an den für ihr Leben wichtigsten Lehrer zu erinnern – an irgend jemanden aus der Zeit vom Kindergarten bis zur Hochschule, der für sie ein positives Vorbild war. Anschließend bat ich sie, fünf Eigenschaften aufzuzählen, von denen sie glaubten, daß sie diesen Lehrer oder diese Lehrerin in besonderer Weise auszeichneten. (Nie fand jemand die Beantwortung dieser Aufgabe unmöglich. Alle hatten mindestens einen guten Lehrer gehabt, und alle konnten die Eigenschaften benennen, die diesen Lehrer so außergewöhnlich erscheinen ließen.)

Als nächstes sollten die Lehrer ihre Ergebnisse der Gruppe mitteilen und die verschiedenen Eigenschaften an eine Tafel schreiben. So entstand eine auf wirklichen Menschen basierende Zusammenstellung der Eigenschaften, die einen guten Lehrer ausmachen.

Nachdem wir jede einzelne dieser Eigenschaften diskutiert hatten, schlug ich ihnen vor, die Eigenschaften auf Schilder zu schreiben und in ihren Klassenzimmern aufzuhängen. Auf diese Weise würden sie in dem Umfeld, in dem sie lehrten, ständig an die Eigenschaften erinnert, die für sie vorbildlich waren.

Ich erzähle Ihnen hier von dieser Übung, weil ich glaube, daß sie auch für Eltern nützlich sein kann. Jeder kann sich daran erinnern, wie seine Eltern das Bild, das er sich von einem idealen Erzieher macht, beeinflußt haben. Wenn Sie Ihre eigene Lebenserfahrung als Bezugspunkt nehmen, können Sie leicht Beispiele für positives und für negatives Verhalten in der Erziehung finden und daraus lernen. (Zu lernen, was Sie nicht tun sollten, kann genauso nützlich sein wie zu lernen, was Sie tun sollten.)

Machen Sie die Übung „Der ideale Erzieher"
Nutzen Sie die Übung, um für sich selbst ein konkretes und anwendbares Bild eines idealen Erziehers zu erstellen. Gemeinsam mit Ihrem Ehepartner kann das viel Spaß machen. Jeder von Ihnen hat eine andere Erziehung genossen und verfügt über einen Erfahrungsschatz, den er mit dem anderen teilen kann. Auf diese Weise bilden Sie ein einzigartiges Erzieherteam. Sie können diese Übung auch gemeinsam mit Freunden machen oder zusammen mit anderen Eltern aus der Schulklasse Ihres Kindes.

Stellen Sie sich zunächst Ihre Eltern vor oder andere wichtige Erwachsene oder ältere Geschwister, die in Ihrer Kindheit die Elternrolle übernahmen. Wie würden Sie sie als Eltern beschreiben? Nehmen Sie ein Blatt Papier und schreiben Sie alle typischen Beispiele für ihr Verhalten und ihre Entscheidungen auf, die Ihnen einfallen, gefolgt von einer kurzen, einzeiligen Notiz über die Auswirkung dieses Verhaltens auf Ihr Leben. (Nehmen Sie das Arbeitsblatt „Erziehungsvorbild" zu Hilfe, das Sie vorher ausgefüllt haben.) Wofür haben Ihre Eltern Sie gelobt? Ziehen Sie aus dieser Erinnerung Schlüsse über die

Werte Ihrer Eltern. Welche ethischen Prinzipien waren ihnen am wichtigsten?

Nutzen Sie dann diese Erinnerungen, um sich Klarheit über Ihre eigenen ethischen Erziehungsziele zu verschaffen. Wofür loben Sie Ihre Kinder? Wenn Sie Eltern sind, ist fast alles, was Sie tun, eine Form der Erziehung. Aus jedem Lächeln, das Sie Ihren Kindern schenken, aus jedem ermutigenden Wort folgern sie, was Ihnen wichtig ist, wie sie sich verhalten und wie sie sein sollen. Je mehr Sie sich dessen bewußt sind, was Sie Ihren Kindern vermitteln, desto effektiver können Sie Ihren Werten Nachdruck verleihen. Das Arbeitsblatt „Meine ethischen Erziehungsziele" auf Seite 43 wird Ihnen helfen zu erkennen, welche Werte Ihnen am wichtigsten sind und sich Klarheit darüber zu verschaffen, durch welche Erfahrungen Ihre Kinder diese Werte begreifen können.

Beginnen Sie mit dem Benennen Ihrer eigenen Werte. Was *sind* Ihre Werte? Wenn Sie einen Kurs oder einen Lehrplan über ethisches Verhalten erstellen sollten (was Sie ja eigentlich tun!), welche Prinzipien wären für diesen Plan am wichtigsten? Bei welchen Werten wäre es Ihnen besonders wichtig, in vielen Jahren einmal festzustellen, daß Ihre Kinder sie übernommen haben?

Der Autor und spirituelle Meister Norman Vincent Peale zum Beispiel bezeichnete die folgenden sieben Werte als die für ihn wichtigsten: Ehrlichkeit, Mut, Begeisterung, Hilfsbereitschaft, Glaube, Hoffnung, Liebe. William Bennett, ehemaliges Kabinettsmitglied und Buchautor nannte zehn Werte: Selbstdisziplin, Mitgefühl, Verantwortung, Freundschaft, Arbeit, Mut, Ausdauer, Ehrlichkeit, Treue und Glaube.

Machen Sie eine Liste der Werte, die Sie für wichtig halten, und notieren Sie sie auf dem Arbeitsblatt. Natürlich kann sich Ihre Liste von der von Peale oder Bennett unterscheiden, und es ist gut möglich, daß es mehr als zehn Werte gibt, die Sie Ihren Kindern vermitteln möchten. Aber seien Sie vorsichtig. Wenn Sie zu viele Werte wählen, wird die Übung unübersichtlich – als meine Frau und ich sie zum ersten Mal durchführten, hatten wir am Ende eine Liste mit sechzig Werten!

Betrachten Sie die Liste dann eingehend, und überlegen Sie sich, welche Werte Ihre Grundwerte sind: Welche Werte halten Sie für die wichtigsten, welche möchten Sie auf jeden Fall an Ihre Kinder weitergeben? Notieren Sie diese Grundwerte auf dem Arbeitsblatt. Sie sind Ihre ethischen Erziehungsziele. Schreiben Sie sie auch auf ein großes Blatt Papier und hängen Sie es an einer gut sichtbaren Stelle in Ihrer Wohnung auf, so daß Sie und Ihre Kinder es täglich lesen können und daran erinnert werden: „Dies sind die Grundwerte unserer Familie. Dies sind die Dinge, die wir für wirklich wichtig halten."

Stellen Sie sich nun Ihr Kind als den ethisch vollkommenen Erwachsenen vor, der aus ihm werden soll. Stellen Sie sich vor, es verwirklicht all die Werte auf Ihrer Liste konsequent in seinem Leben. Nehmen Sie dann jene rückblickende Haltung ein, die wir alle kennen: Wie oft sagen wir: „Ja, wenn ich damals gewußt hätte, was ich jetzt weiß, dann hätte ich …". Stellen Sie sich folgende Frage: „Wenn dies der Mensch ist, der aus meinem Kind werden sollte, der alle meine Werte in sein Leben integriert hat – welche Erfahrungen habe ich ihm dann ermöglicht, die ihm diese Werte nahegebracht haben?"

Wenn Sie diesen imaginierten Rückblick aus der Zukunft durchführen, machen Sie sich bewußt, wohin Sie mit Ihrer Erziehung wollen und wie Sie dorthin gelangen können. Welche gemeinsamen Aktivitäten in der Familie können dazu beitragen, daß Sie und Ihre Kinder diese Ziele erreichen? Welche bereichernden Erfahrungen könnten Sie machen? Welche Bücher lesen? Welche Filme ansehen? Welche kulturellen Ereignisse könnten von Nutzen sein? Wie sollten Sie Ihre Ferien verbringen? Was für Erfahrungen könnte Ihr Kind im sozialen Bereich machen, zum Beispiel indem es anderen Menschen hilft und dadurch rücksichtsvolles Verhalten lernt und zu einem verantwortungsbewußten Menschen heranwächst?

Diese Erfahrungen müssen gar nicht teuer oder aufwendig sein. Ein Picknick mit der Familie zum Beispiel kann zu einem Erlebnis werden, das Ihre Werte erfahrbar macht.

Meine ethischen Erziehungsziele

Meine Werte:

_____

_____

_____

_____

Meine Grundwerte:

_____

_____

_____

_____

Welche Erfahrungen können meinen Kindern helfen, diese Werte zu verstehen?

_____

_____

_____

_____

Wenn Ihr Kind öfter Freunde einlädt und Sie selbst auch, lernt es, Werte wie Freundschaft und gemeinschaftliches Leben und Teilen (wie in der Familie) mehr zu schätzen.

Oder wie wäre es mit einem Tag im Zoo? Lassen Sie Ihr Kind einen Wärter fragen, wie die verschiedenen Tiere gefüttert werden, was sie tun, wenn schlechtes Wetter ist und wie sie versorgt werden, wenn sie krank sind. Kinder erfahren dadurch, daß Werte wie Mitgefühl mit allen Lebewesen, Verantwortung, Ausdauer und Liebe wichtig sind.

Ziehen Sie auch die Erfahrungen in Betracht, die Ihre Kinder in sozialen Einrichtungen wie Volksküchen, Obdachlosenheimen, Kinderkrankenhäusern und anderen Institutionen machen können. Hier können Kinder viele wichtige Werte verstehen lernen.

Diese Anregungen und Ihr imaginierter Rückblick aus der Zukunft sollen Ihnen dabei helfen, entsprechende Erfahrungen für Ihre Kinder im voraus zu planen. Benutzen Sie dazu das Arbeitsblatt.

Setzen Sie sich zusammen, falls sich Ihre Wertvorstellungen von denen Ihres Partners unterscheiden

Es kann sein, daß Sie und Ihr Partner unterschiedliche, wenn nicht sogar widersprüchliche Wertvorstellungen haben, es sei denn, Sie sind alleinerziehend. Diese Widersprüche müssen geklärt werden. Kinder brauchen eine klare Vorstellung davon, was in den verschiedenen Bereichen ihres Lebens von ihnen erwartet wird. Sie brauchen insbesondere ein widerspruchsfreies System ethischer Leitlinien. Wenn die Eltern unsicher scheinen, verwirrt das die Kinder. Wenn ein Kind aufgrund widersprüchlicher Botschaften unsicher ist, welcher Elternteil nun recht hat, wird es natürlich durcheinander gebracht. Wenn ein Elternteil zum Beispiel Betroffenheit und Mitgefühl gegenüber Obdachlosen zeigt und der andere sie als minderwertige Menschen betrachtet, die man aus der Stadt vertreiben sollte, wird die ethische Identitätsfindung des Kindes gestört.

Ethische Erziehung sollte idealerweise als Teamarbeit betrachtet werden. Sie haben viel für Ihr Kind getan, wenn Sie sich mit Ihrem Partner einigen. Es gibt ein paar einfache Dinge, die Sie tun können, um gemeinsam mit Ihrem Partner ein übereinstimmendes Werteprogramm zu erarbeiten.

Setzen Sie sich zunächst einmal zusammen und beraten Sie sich. Machen Sie getrennte Listen Ihrer Grundwerte. Vergleichen Sie Ihre Listen und erstellen Sie eine dritte, die die Punkte enthält, über die Sie sich einig sind. Nun müssen Sie nur noch über diejenigen diskutieren und zu einer Übereinkunft kommen, über die Sie verschiedener Meinung sind. Wenn Sie nicht zu einer Einigung gelangen können, sollten Sie einen Berater, einen Geistlichen oder einen Freund um Vermittlung bitten.

Falls Sie geschieden sind, sollten Sie versuchen, eine solche Unterredung mit Ihrem ehemaligen Ehepartner zu führen. Mir ist klar, daß dies unmöglich sein kann, wenn man bedenkt, welche schmerzlichen Gefühle immer mit dem Zusammenbruch einer Ehe verbunden sind. Aber im Idealfall sollte zugunsten des Kindes über Verletzung und Wut hinweggesehen und der Versuch unternommen werden, ein gemeinsames Ziel ins Auge zu fassen. Kindererziehung sollte für alle Eltern ein partnerschaftliches Projekt sein – egal, ob die Elternrolle nun von einer, zwei, drei oder vier Personen übernommen wird. Die Stabilität der emotionalen, spirituellen und moralischen Erziehung Ihrer Kinder hängt zu einem großen Teil davon ab, ob Sie es schaffen, im Team zu arbeiten.

Sie können Ihrem Kind emotionale Sicherheit geben, indem Sie es sowohl mit klaren, widerspruchsfreien Botschaften konfrontieren als auch verhindern, daß es seine Eltern gegeneinander ausspielen kann. Kinder brauchen die Gewißheit, daß ihre Familie über ein klar definiertes Wertesystem verfügt, auf das sie sich verlassen können. Für Kinder, deren Welt sich ständig verändert, ist diese moralische Stabilität von höchster Bedeutung.

■ Kinder lernen aus Ihrem Beispiel

Wie können Sie erreichen, daß Ihre Werte auch für Ihre Kinder Gültigkeit besitzen? Was können sie tun, damit Ihre Ziele die Ziele Ihrer Kinder werden?

Denken Sie noch einmal an Ihre eigene Kindheit. Konzentrieren Sie sich auf die Werte, die Ihre Eltern Ihnen vermittelt haben. Es werden Ihnen wahrscheinlich einige einfallen – höflich und anständig sein, die Wahrheit sagen – aber denken Sie jetzt einmal an den Wert, der für Ihre Eltern zentrale Bedeutung hatte.

Fragen Sie sich dann, wie Ihre Eltern Ihnen diesen Wert nahegebracht haben. Wenn ich die Teilnehmer meiner Seminare für Eltern und Lehrer das frage, erhalte ich immer dieselbe Antwort: durch ihr *Vorbild.*

Bei allem, was Sie tun, erziehen Sie durch Ihr Vorbild. Sie demonstrieren Ihren Kindern täglich Ihre Werte, Ziele und ethischen Grundsätze durch Ihr Verhalten – ob Sie das wollen oder nicht. Die wirkungsvollste Art, Ihren Kindern Ihre ethischen Wertvorstellungen zu vermitteln, ist einfach, diese zu leben. (In den folgenden

Kapiteln werde ich näher auf die Frage eingehen, wie Sie Ihren Kindern die Werte, die Sie ihnen nahebringen wollen, vorleben können und wie Ihre eigenen ethischen Grundsätze dem sich entwickelnden moralischen Verantwortungsgefühl Ihrer Kinder eine Richtung geben können.)

Verstärken Sie positive Verhaltensweisen durch Lob und Anerkennung

Lob und Anerkennung stellen weitere Möglichkeiten dar, Ihren Kindern Ihre Werte nahezubringen. Die sogenannte „positive Verstärkung" basiert auf dem einfachen Gedanken, daß wir ein bestimmtes erwünschtes Verhalten am ehesten dadurch erreichen, daß wir eben dieses Verhalten belohnen. Unser ganzes Leben lang wenden wir diese Methode an. Babys hören auf zu schreien, wenn ihre Eltern sich auf eine gewünschte Weise verhalten – sie etwa füttern, auf den Arm nehmen oder wickeln. Wenn wir als Jugendliche eine Verabredung haben, wissen wir, welche verbalen und nonverbalen Zeichen den anderen zu einem bestimmten Verhalten veranlassen oder auch von einem bestimmten Verhalten abhalten können. Jeder weiß, daß er ein bestimmtes Verhalten bei seinen Mitmenschen hervorrufen kann, indem er es angemessen belohnt oder lobt.

Dasselbe gilt für die ethische Erziehung von Kindern. Wir möchten, daß sich unsere Kinder in jeder Situation ihres Lebens auf fast schon unwillkürliche Weise gemäß ethischen Gesichtspunkten verhalten. Wir wünschen uns ein Gefühl der Genugtuung, wie Pauline Nichters Mutter es gehabt haben muß, durch die Gewißheit, unser Kind so erzogen zu haben, daß ihm Ehrlichkeit, Gerechtigkeit und Mitgefühl (oder welche Werte auch immer unsere

Grundwerte sein mögen) zur zweiten Natur geworden sind.

Um dies zu erreichen, ist es weitaus besser, wenn Sie Ihre Kinder immer wieder dabei „erwischen", daß sie etwas Gutes getan haben, als ständig darüber zu wachen, ob sie gegen Ihre elterlichen „Gebote" verstoßen. Jemanden bei einer guten Tat „erwischen" – dieser Ausdruck stammt zwar aus einem Ratgeber für Manager von Kenneth Blanchard und Spencer Johnson, trifft aber für Eltern genauso zu wie für Geschäftsführer.

Stellen Sie sich nur vor, wie positiv es sich auf das ethische Verhalten Ihrer Kinder auswirken wird, wenn Sie, anstatt nur auf ihre Fehler zu achten, vor allem den Dingen Aufmerksamkeit schenken, die sie gut machen, und den Eigenschaften, auf die Sie stolz sind – zum Beispiel auf die menschliche Wärme, die Rücksicht und die Ehrlichkeit, die für den guten Charakter Ihrer Kinder sprechen. Lob und Anerkennung sind am besten dazu geeignet, einem Kind deutlich zu machen, wie wichtig es ist, daß es bestimmte Verhaltensweisen zu einem festen Bestandteil seines Charakters macht.

Kinder brauchen Anerkennung

Bedenken Sie, daß Kinder sich auf jede mögliche Weise Aufmerksamkeit verschaffen wollen. Alle Kinder suchen nach Anerkennung; sie ist ein grundlegendes menschliches Bedürfnis. Wenn Kinder sie nicht auf positive Weise erhalten, werden sie Mittel und Wege finden, negativ aufzufallen. In beiden Fällen erreichen sie das gleiche – Aufmerksamkeit und Beachtung durch Erwachsene. Durch ihr Verhalten und die Reaktionen der Erwachsenen spüren Kinder instinktiv, daß die Welt ihre Existenz anerkennt.

So traurig es klingt, aber wenn Kinder auf negative Weise auffallen, bedeutet das, daß ihnen negative Beachtung lieber ist als überhaupt keine. Unsere Aufgabe als Eltern ist es, sie zu positivem und sozial akzeptablem Verhalten zu erziehen, so daß sie in ihrer inneren Gewißheit bestärkt werden, vom Wesen her gut und wertvoll zu sein.

Ihre Kinder zeigen schon jetzt ethisch geleitete Verhaltensweisen. Sie müssen es nur noch erkennen und sie loben, wenn sie in Übereinstimmung mit Ihren Werten handeln. Um Aufmerksamkeit zu erlangen, werden Ihre Kinder sich dann eher auf eine Weise verhalten, die Sie gutheißen.

Achten Sie darauf, was Sie loben

Lob ist die wichtigste Form von Belohnung und Anerkennung. Daher müssen Sie sich im klaren darüber sein, welche Verhaltensweisen Sie loben. Wenn Sie sich nicht ganz bewußt auf Ihre ethischen Erziehungsziele konzentrieren, wird es Ihnen deutlich leichter fallen, Ihr Kind für eine Eins in einer Klassenarbeit oder ein Tor im Fußball zu loben. Dies mögen die wichtigsten Schlagzeilen im Leben Ihres Kindes sein, aber Werte stehen eher im Kleingedruckten. Loben Sie Ihr Kind für die täglichen kleinen Dinge, zum Beispiel wenn sie ein Spielzeug zurückbringen, das ein Kind bei Ihnen vergessen hat, wenn sie besonders nett zu jüngeren Geschwistern waren oder angeboten haben, eine kranke Großtante zu besuchen. Sie brauchen es nicht in roten Lettern auf ein Plakat zu schreiben, aber denken Sie daran, daß Ihr Kind jedesmal, wenn Sie es loben, in seinem Tun bestärkt wird.

■ Als Eltern „gut genug" sein

Es ist wichtig, daß Sie angemessene und realistische Ziele und Erwartungen sowohl für Ihre Kinder als auch für sich selbst haben. Es gibt keine perfekten Eltern. Man muß als Eltern nur „gut genug" sein, wie es der berühmte Kinderpsychiater und Autor Bruno Bettelheim ausgedrückt hat. Wenn Sie meinen, daß Sie sich immer an ein Ideal halten müssen, nie Fehler machen dürfen, immer ruhig bleiben sollten und immer in der richtigen Weise auf das, was Ihre Kinder sagen oder tun, reagieren müssen, dann sind Sie auf dem besten Weg zu Selbstzerstörung und emotionalem Zusammenbruch. Als Eltern „gut genug" zu sein, ist ein erreichbares Ziel und eines, das Sie nicht an der Unerreichbarkeit eines Traumes scheitern läßt.

Verbringen Sie „intensive Zeit" mit Ihren Kindern

Sie können Ihren Kindern viel geben, indem Sie ihnen Zeit schenken. Eine berühmte Studie des Instituts für Sozialforschung an der Universität Michigan hat gezeigt, daß sich Mütter, die berufstätig sind, durchschnittlich nur elf Minuten am Tag ausschließlich mit ihren Kindern beschäftigen, am Wochenende ungefähr dreißig Minuten. Diese Zeit des intensiven Spielens und Lernens wird „intensive Zeit" genannt. Bei den Vätern beträgt sie jeweils nur acht und vierzehn Minuten. Sogar Mütter, die nicht berufstätig sind, schenken ihren Kindern im Durchschnitt täglich nur dreizehn Minuten „intensive Zeit".

Sie können sich vorstellen, daß die Ziele, die Eltern sich setzen, nahezu unerreichbar sind, wenn sie nur so wenig Zeit für die Erziehung ihrer Kinder aufbringen wollen. Zeit ist ein kostbares Geschenk. Ohne sie wird Erziehung zum Würfelspiel. Sie überlassen den Erfolg Ihrer Erziehung dem Zufall.

Wenn Sie das wollten, würden Sie dieses Buch nicht lesen. Da Sie zu den Eltern gehören, denen das Wohlergehen ihrer Kinder am Herzen liegt und die ihre Kinder zu ethisch handelnden Menschen erziehen möchten, sollten Sie besonders darauf achten, viel „intensive Zeit" mit ihnen zu verbringen. Wenn Sie dies nicht tun, ist es fast unmöglich, ihnen Ihre Werte zu vermitteln.

Hören Sie mit den Augen zu

Eine weitere wichtige Methode, wie Sie Ihre Kinder dazu bringen können, Ihre Werte zu achten, besteht darin, ihnen zuzuhören. Wir selbst wissen aus eigener Erfahrung, daß wir das Gefühl haben, wertvoll und wichtig für unsere Mitmenschen zu sein, wenn diese uns zuhören.

Denken Sie an die Geschichte mit dem Kind, das eines Tages nach Hause kam und seinen Vater in der Küche beschäftigt fand. Das Kind fing an, von seinen Erlebnissen in der Schule zu erzählen. Ab und zu nickte der Vater und brummte „Mhm", ohne von seinen Essensvorbereitungen aufzusehen. Schließlich sagte der Junge leicht irritiert: „Du hörst mir ja gar nicht zu!"

„Natürlich höre ich dir zu", antwortete der Vater.

„Aber Papa", sagte der Junge, „du hörst mir nicht *mit den Augen* zu."

Das ist die Herausforderung an uns: „Wir müssen mit den Augen zuhören. Es gibt keinen Ersatz für die Wertschätzung, die wir unsere Kinder dadurch spüren lassen können, daß wir sie einfach *ansehen,* wenn wir uns mit ihnen unterhalten. Auf diese Weise bringen wir ganz direkt zum Ausdruck, daß wir glauben, daß sie unsere

Aufmerksamkeit verdienen. Es ist eine einfache und wirksame Art, Liebe und Achtung zu schenken und denen, die wir lieben, zu zeigen, daß sie uns wichtig sind und daß wir gerade nichts lieber tun würden, als genau hier bei ihnen zu sein.

Dieser Rat klingt vielleicht banal. Es werden so viele wissenschaftliche Nachforschungen über kindliche Entwicklung und Erziehung angestellt, und ich sage Ihnen hier einfach, daß Sie „mit den Augen zuhören" sollten.

Ich kann aber wirklich nicht genug betonen, wie wichtig das ist. Wenn Ihr Kind das Gefühl haben soll, daß Ihre Werte wichtig sind, muß es vor allem auch das Gefühl haben, daß das, was es zu sagen hat, ebenfalls wichtig ist. Schenken Sie ihm Ihre Aufmerksamkeit, sehen Sie ihm fest in die Augen, und es wird sich zutiefst wertvoll und geliebt fühlen.

Helfen Sie Ihrem Kind bei der Schaffung eines ethischen Selbstideals

Sie unterstützen die ethische Entwicklung Ihres Kindes, wenn Sie es dazu anregen, sich ein Bild des ethischen Menschen zu machen, der es einmal werden will. Dies wird ihm helfen, sich einen ethisch handelnden Menschen vorzustellen: wie er spricht und was er tut. Diese Vision kann es dann auf sich selbst beziehen und erhält dadurch ein positives Idealbild des Menschen, der es einmal sein will.

Eine biblische Weisheit besagt, daß wir so werden, wie wir denken. Dieser Gedanke ist in verschiedenen Formen das Motto unzähliger Psychologen und Selbsthilfegruppen und vieler Ratgeber über Lebenshilfe. Zu jeder Zeit und in jeder Kultur erkannten Denker und spirituelle Menschen die grundlegende Wahrheit, daß wir zu dem werden, woran wir denken. Tatsächlich nutzten Männer und Frauen, die in verschiedenen Bereichen des Lebens erfolgreich waren, schon immer die Kraft des Denkens, um die angestrebten Eigenschaften und Ziele zu verinnerlichen.

Ethische Erziehung bedeutet, daß wir unseren Kindern dabei helfen, ein positives ethisches Selbstideal zu schaffen, in dem ihre Vorstellungen von einem guten Charakter vereinigt sind. Unter der Überschrift **„Wie Kinder ein positives Selbstideal schaffen können"** finden Sie einige einfache Hinweise, wie Sie Ihre Kinder dazu anregen können, über dieses ethische Idealbild ihrer selbst nachzudenken.

Wie Kinder ein positives Selbstideal schaffen können

Helfen Sie Ihren Kindern dabei, eine Vorstellung davon zu entwickeln, wer sie sein möchten.

- Schlagen Sie Ihrem Kind vor, einmal in einem Bild darzustellen, wie sich ein „guter Mensch" anderen gegenüber verhält. Wenn es das Mitgefühl in Person gäbe, wie würde sich diese Person ihren Freunden oder ihren Lehrern gegenüber verhalten? Oder gegenüber jemandem, den sie nicht mag? Was würde sie tun, wenn sie ein Tier fände, das sich verlaufen hat?
- Bringen Sie Ihr Kind dazu, eine Geschichte mit dem Titel „Ein Tag in meinem Leben" zu schreiben oder in Bildern zu malen – und sich dabei vorzustellen, es sei der gutherzigste Mensch auf Erden. Ihr Kind sollte in der Geschichte seinen eigenen Namen ver-

wenden. Sprechen Sie mit ihm, als ob es jetzt schon diese gute Person wäre. Hängen Sie diese Geschichte oder die Bilder an eine Wand oder an den Kühlschrank, und gehen Sie sie hin und wieder mit Ihrem Kind erneut durch. (Sie können dies z. B. einmal im Monat tun und sich jedesmal auf einen anderen Wert oder eine andere Eigenschaft dieser Person konzentrieren.)

■ Erstellen Sie einen fortlaufenden „Wertespiegel" Ihres Kindes. Malen Sie seine Umrisse auf ein Stück Papier, und sammeln Sie zusammen Material in Zeitungen und Zeitschriften, das für Ihre Grundwerte spricht. Tragen Sie ein, was Sie gefunden haben, und hängen Sie dieses ethische Selbstporträt an die Wand.

Kinder müssen erkennen, daß wir die Wahl haben

Wer und wie wir sind, hängt von den Entscheidungen ab, die wir täglich treffen. Jede einzelne ethische Entscheidung trägt zu unserem Selbstverständnis bei. Damit Sie Ihre ethischen Erziehungsziele erreichen, ist es daher wichtig, Ihren Kindern deutlich zu machen, daß jede Art von Verhalten auf Entscheidungen beruht und daß ihre Entscheidungen einen großen Einfluß auf ihr Leben haben.

Man kann gar nicht genug betonen, wie wichtig es ist, daß Kinder begreifen, wie ausschlaggebend ihre täglichen Entscheidungen sind. Nicht nur, wer wir sind, hängt von Entscheidungen ab, sondern auch, ob wir morgen noch leben. Drogenmißbrauch zum Beispiel ist weniger eine Sache der Erziehung als der richtigen Entscheidung. Wenn es lediglich eine Sache der Erziehung wäre, würde heute niemand mehr rauchen. Erste ärztliche Gutachten, die das Rauchen mit Krebs und anderen lebensbedrohlichen Krankheiten in Verbindung brachten, wurden schon vor dreißig Jahren veröffentlicht. Wir kennen die Statistiken: Einer Studie zufolge sterben in zwei Wochen mehr Menschen an den Folgen des Rauchens als in einem Jahr an AIDS. Trotzdem wird weiter geraucht.

Das gleiche gilt für Alkohol und Drogen. Fast jedes Schulkind in Amerika kennt die Gefahren. Trotzdem hat das Institut für Sozialforschung an der Universität Michigan festgestellt, daß 1993 siebenundachtzig Prozent der Oberstufenschüler an amerikanischen High Schools zumindest gelegentlich Alkohol tranken und mehr als fünfunddreißig Prozent Marihuana oder andere illegale Drogen nahmen. Die *Dallas Morning News* berichtete 1988, daß sich ungefähr hunderttausend Zehn- und Elfjährige mindestens einmal in der Woche betranken.

Mit der Realität, die hinter diesen Statistiken steht, werden wir täglich in unseren Familien und in der Gesellschaft konfrontiert. Von daher müßte es leicht verständlich sein, warum ich so viel Wert darauf lege, daß Sie Ihren Kindern klarmachen, wie wichtig ihre Entscheidungen sind. Wenn sie lernen sollen, wie sie ethisch geleitete Entscheidungen treffen können, müssen sie so früh wie möglich einsehen, daß jede Form von Verhalten auf Entscheidungen beruht. Was diese beängstigenden Statistiken nämlich ebenfalls zeigen, ist, daß es von den Entscheidungen selbst abhängt, ob unser Handeln ethisch ist oder nicht.

Die Einsicht, daß unsere Entscheidungen Einfluß auf unsere Welt haben, ist wichtig für die Bestimmung von ethischem Verhalten. Ohne die Möglichkeit freier Entscheidungen wäre Ethik belanglos. Niemand wird für sein Verhalten verantwortlich gemacht, wenn er keine andere Wahl hatte. Nur aufgrund der freien Entscheidungen, die wir täglich im Umgang mit anderen Menschen treffen, können wir uns als ethisch handelnde Menschen bezeichnen.

Darum müssen wir als Eltern unseren Kindern die Möglichkeit geben, zu erfahren, daß sie Entscheidungen treffen können, und zu erkennen, welche Folgen diese Entscheidungen haben. Sogar kleinen Kindern kann man einen großen Entscheidungsspielraum geben: „Möchtest du heute den blauen oder den grünen Pullover anziehen?" – „Möchtest du eine Banane oder einen Apfel?" – „Möchtest du ihn jetzt essen oder später?" Solche dem jeweiligen Alter angemessene Wahlmöglichkeiten geben Kindern die nötige Übung im Treffen alltäglicher Entscheidungen, die Einfluß auf ihr Leben haben.

Wenn Sie Kindern Entscheidungsspielraum geben, werden sie in dem Gefühl bestärkt, daß sie in gewisser Weise über sich selbst und ihre Umgebung bestimmen können. Beginnen Sie mit einfachen, harmlosen Entscheidungen. Wenn Ihre Kinder älter werden, sind sie dann in der Lage, schwierigere Entscheidungen zu treffen – zum Beispiel, welche Freunde sie haben wollen, was sie tun wollen und wie sie sich anderen gegenüber verhalten wollen.

Wenn Sie Ihren Kindern dabei helfen, gute und richtige Entscheidungen zu treffen und die Folgen ihrer Entscheidungen zu erkennen, geben Sie ihnen das Gefühl, im größeren sozialen Gefüge der Welt ihren Platz zu haben. Wenn sich Kinder daran gewöhnen, Entscheidungen zu treffen, lernen sie auch, das Recht anderer auf eigene Entscheidungen zu respektieren. Durch diese Einsicht können sie spüren, daß ihr Leben mit dem anderer

Menschen zusammenhängt, und sie können erkennen, daß wir einerseits eigenständige Personen sind, andererseits aber auch nur miteinander und füreinander leben können.

■ Die Welt, von der Kinder träumen

Nach den Unruhen in Los Angeles 1992 arbeitete die Schul- und Kulturbehörde der Stadt mit verschiedenen Schulen und Schulchören zusammen, um ein Musik-Video mit dem Titel „Die Welt, von der ich träume" zu produzieren. Den Kindern, deren emotionale Stabilität durch die täglich drohende Gewalt erschüttert war, sollte die Möglichkeit gegeben werden, ihre Hoffnungen und Träume auf eine bessere Welt auszudrücken: eine Welt, in der alle Kinder in einer Gesellschaft aufwachsen können, die ihre Talente und Fähigkeiten fördert, ihr Selbstwertgefühl stärkt und ihnen ermöglicht, sich voll zu entfalten.

Ich stelle diese Gedanken ans Ende dieses Kapitels, weil nicht nur eine von Unruhen heimgesuchte Stadt solche Träume braucht. Glücklicherweise waren die meisten von uns nicht persönlich von der Karikatur betroffen, die nach den Auseinandersetzungen in der *Los Angeles Times* erschien. Sie zeigte zwei afro-amerikanische Kinder, die auf der Treppe eines baufälligen Hauses sitzen. Ein Kind wendet sich dem anderen zu und fragt: „Was willst du werden, falls du groß wirst?" Den meisten von uns geht es so gut, daß sie sich keine Sorgen darüber machen müssen, ob ihre Kinder in Sicherheit aufwachsen können. Trotzdem konzentrieren sich viele zu sehr darauf, was für einen Beruf ihr Kind später einmal ausüben wird, anstatt sich Gedanken darüber zu machen, was für ein Mensch aus ihm wird.

Deshalb brauchen wir klare Ziele für die ethische Erziehung unserer Kinder. Ich träume von dem Tag, an dem Kinder für ihre menschliche Wärme, ihre Aufmerksamkeit und Rücksichtnahme gelobt werden und nicht nur für ihre schulischen, sportlichen oder finanziellen Errungenschaften. Das wäre für mich eine Welt, von der es sich zu träumen lohnt.

Wie Sie ethische Erziehungsziele setzen und Ihren Kindern helfen können, diese zu erreichen

- Machen Sie sich klar, daß Werte die Grundlage für ethisches Verhalten sind.
- Überlegen Sie sich, welche Werte Ihnen am wichtigsten sind und welche Erfahrungen Ihren Kindern diese Werte nahebringen können.
- Loben sie Ihr Kind immer, wenn es sich Ihren Werten entsprechend verhält.
- Schenken Sie Ihrem Kind Zeit und Aufmerksamkeit, und helfen Sie ihm, ein ethisches Selbstideal zu schaffen.
- Geben Sie Ihrem Kind die Möglichkeit, wichtige Entscheidungen zu treffen.
- Seien Sie als erwachsener Mensch so, wie Ihre Kinder einmal werden sollen.

Regel Nr. 2:
Seien Sie moralisches Vorbild

„Kinder tun nie das, was ihre Eltern ihnen sagen", schrieb James Baldwin, „aber sie ahmen sie in vielem nach." Dieser Wahrheit können wir als Eltern nicht entgehen. Unsere Kinder lernen mehr durch das Verhalten, das sie an uns beobachten, als durch das, was wir ihnen predigen (als Rabbi muß ich das ja wissen!). Was Sie ihnen über Ihre Werte mitteilen, hat nur minimale Bedeutung im Vergleich mit den tiefgreifenden Auswirkungen, die Ihr Handeln auf Ihre Kinder hat. Tag für Tag beeinflussen Sie sie vor allem durch das, was Sie tun und wer Sie sind.

Sie haben nicht die Wahl, ob Sie ein Vorbild für Ihre Kinder sein wollen oder nicht. Es ist einfach eine Tatsache, daß wir unseren Kindern jeden Tag ein Vorbild sind und deshalb besonders darauf achten müssen, was wir ihnen vorleben. In diesem Buch habe ich moralische Vorbildhaftigkeit als Regel Nr. 2 für die ethische Erziehung Ihrer Kinder aufgeführt. Aber sie hätte ebenso gut unter Nr. 1 stehen können, denn in moralischen Fragen ein Vorbild zu sein, ist wichtiger als alle anderen Dinge, die wir unseren Kindern mitgeben können.

Ethische Grundsätze erlernen wir dadurch, daß sie uns vorgelebt werden. Wir haben als Kinder gesehen, wie unsere Eltern und sonstige erwachsene Vorbilder mit anderen Menschen umgegangen sind, und wir haben diese Verhaltensweisen von ihnen gelernt. Worte und moralische Leitsprüche sind deshalb jedoch nicht unwichtig. Sie bestätigen Ihre Verhaltensweisen, indem Sie sie in einen größeren gedanklichen Zusammenhang stellen. Aber in Worte gefaßte Grundsätze sind nur dann von Bedeutung, wenn sie mit den Verhaltensweisen übereinstimmen, die Ihr Kind an Ihnen beobachten kann. Sie sollten Ihr Kind lediglich an das Verhalten erinnern, das es täglich bei Ihnen beobachten kann.

Meine Eltern haben mich vor allem dadurch beeindruckt, daß sie in Übereinstimmung mit den Werten lebten, die sie vertraten. Das erfuhr ich zum Beispiel, wenn ich meine Mutter dabei begleitete, in einem Einkaufszentrum Werbung für einen Kandidaten zu machen, den sie unterstützte, oder wenn ich mit meinem Vater einen Pfadfinderausflug nach Mexiko machte, um dort armen Kindern Essen und Kleidung zu bringen. Beide engagierten sich für Wohltätigkeitsorganisationen und einzelne Personen, die unter Armut und Gewalt leidenden Menschen halfen, sie medizinisch betreuten und ihnen Essen brachten, damit sie ihre Würde und ihre Selbstachtung bewahren konnten. Weil ich dies sah, begriff ich, daß ich als Mensch die Verantwortung habe, mich in meinem Handeln nach klaren ethischen Grundsätzen zu richten.

■ Das Richtige tun

Was die Erziehung unserer Kinder betrifft, können wir uns nicht viele Fehler erlauben. *Ein Kind merkt alles*, selbst wenn wir glauben, daß es gerade nicht aufpaßt – selbst wenn es in einem anderen Zimmer ist! Es merkt sofort, wenn Ihre Taten nicht mit Ihren Worten übereinstimmen. Deshalb ist es sinnlos zu sagen, „Tu, was ich sage, nicht, was ich tue!" Kinder schließen daraus, daß es in Ordnung ist zu heucheln. Wenn sie ihre Eltern, ihre moralischen Vorbilder, so erleben, warum sollten sie von der Welt dann etwas anderes erwarten?

Aus diesem Grund ist es eine große Verantwortung, moralisches Vorbild zu sein. Wir müssen immer darauf achten, daß wir die Werte leben, nach denen sich unsere Kinder richten sollen – ob in Gesprächen mit unserem Ehepartner oder beim Telefonieren, ob beim Reden über andere oder im Umgang mit Familienmitgliedern und Freunden.

In meiner Familie ereignete sich vor einigen Jahren ein Vorfall, der ein Beispiel für eine solche moralische Vorbildlichkeit ist. Meine Frau und meine Tochter stiegen gerade vor einem Einkaufszentrum aus dem Auto. Als meine Tochter Gable die Tür öffnete, stieß sie aus Versehen gegen ein anderes Auto und hinterließ einen kleinen Kratzer. Meine Frau Didi holte sofort einen Notizblock hervor und begann, eine kurze Nachricht zu schreiben. Als Gable sie fragte, was sie tue, antwortete sie, „Ich schreibe dem Besitzer oder der Besitzerin des Autos eine kurze Nachricht, so daß er oder sie sich bei mir melden kann."

Gable sagte: „Aber es hat uns doch niemand gesehen. Warum gehen wir nicht einfach? Niemand wird herausfinden, daß wir das waren."

Didi antwortete: „Was meinst du damit – ‚Niemand wird herausfinden, daß wir das waren?' Die zwei wichtigsten Leute wissen es schon – du und ich. Denke immer daran: Was man sät, wird man auch ernten. Diese Nachricht zu hinterlassen, ist das einzig Richtige, was wir tun können."

Gable hatte tatsächlich nicht verstanden, warum sie nicht einfach ins Einkaufszentrum gehen und die ganze Sache vergessen konnten. Sie war damals acht Jahre alt, und ihr Verhalten entsprach ganz der Denkweise ihres Alters. Aber die Handlungsweise ihrer Mutter hatte sich in ihrem Gedächtnis eingeprägt, zusammen mit dem Grundsatz, daß man immer das Richtige tun muß.

Ein überaus glücklicher Zufall war dann, daß Didi ungefähr einen Monat später wieder mit Gable aus einem Einkaufszentrum herauskam und einen Zettel auf der Windschutzscheibe fand. Jemand hatte *ihr* Auto beschädigt. Gable rief sofort: „Schau, Mama, du hattest recht! Wir ernten schon, was wir gesät haben!"

Ich kann Ihnen natürlich nicht versprechen, daß sich Ihre ethischen Handlungen ebenso prompt auszahlen werden! Ich kann Ihnen jedoch versichern, daß es sich auf die eine oder andere Weise positiv auf das Verhalten Ihrer Kinder auswirken wird, wenn Sie ihnen moralisches Verhalten vorleben. In diesem Sinne erntet man garantiert, was man sät.

■ Wie ethisches Verhalten zu alltäglichem Verhalten wird

Es gibt viele Arten, wie Sie Ihren Kindern Ihre Werte demonstrieren und ihnen durch Ihr Beispiel zeigen können, wie sie sich verhalten sollen. Ihre Kinder sollen begreifen, daß wir täglich ethisch geleitete Entscheidungen treffen und nicht nur bewußt oder unter Zwang. Wenn ethisch begründete Verhaltensweisen grundlegend für den Charakter Ihrer Kinder werden sollen, müssen sie so in ihr Leben integriert werden, daß sie für sie normal werden. Sie müssen in den einfachen Gesten, den spontanen Bemerkungen und den fast schon unbewußten Zeichen der Anteilnahme erkennbar sein, die zeigen, daß man sich gegenüber Familienmitgliedern, Freunden und Fremden grundsätzlich nach bestimmten ethischen Gesichtspunkten verhält. Sie sind zum Beispiel ein moralisches Vorbild, wenn Sie

- den Bedürfnissen anderer besondere Aufmerksamkeit schenken,
- einen Teil Ihres Wochenendes dafür opfern, einen Verwandten in einem Altersheim zu besuchen,
- mit Mitgefühl und Offenheit einem Nachbarn zuhören, der vor einer schwierigen Lebensentscheidung steht,
- einer Autofahrerin einen Parkplatz überlassen, auf den sie schon gewartet hat, anstatt zu versuchen, ihr zuvorzukommen,
- Ihren Kindern Wärme entgegenbringen.

Güte als grundlegender moralischer Wert

Ein altes Sprichwort lehrt uns, daß „die höchste Form der Weisheit die Güte ist". Ich berate nun schon viele Jahre einzelne Menschen und Familien und sehe dabei, wie Eltern in dieser Welt, wo jeder nur auf seinen eigenen Vorteil bedacht ist, versuchen, ihren Kindern einen Sinn für Werte zu vermitteln, und ich bin immer noch fest davon überzeugt, daß Güte die Kraft hat, das Leben der Menschen zu verändern. Wenn Sie anderen Menschen und besonders Ihren Kindern konsequent Güte entgegenbringen, machen Ihre Kinder dadurch eine wichtige Erfahrung. Es zeigt ihnen auf unmittelbare, emotionale Weise, daß Sie an den Wert anderer Menschen glauben und daß ethische Grundsätze täglich gelebt werden können.

Meinen Sie, was Sie sagen

Integrität ist ein weiterer wichtiger Wert, den Sie täglich leben müssen. Wenn Sie kein Vorbild an Glaubwürdigkeit sind, wird es sehr schwierig werden, Ihre Kinder zu ethisch handelnden Erwachsenen zu erziehen. Wir möchten, daß unsere Kinder zu Menschen werden, auf die man sich verlassen kann. Dieses Verhalten müssen sie von Ihnen lernen, und wiederum nicht durch das, was Sie ihnen predigen, sondern dadurch, wie Sie täglich leben und handeln. Eltern *müssen* glaubwürdig sein. Wenn Sie es nicht schaffen, ein Vorbild an Integrität zu sein, lehren Sie Ihre Kinder zu lügen.

Es gab im Fluggeschäft einmal die Devise, daß ein Passagier, der sieht, daß die Aschenbecher nicht geleert und schmutzig sind, daraus sofort auf den Zustand der Maschinen schließen wird. Wir schließen oft von Einzelheiten auf das Allgemeine. Wir betrachten unsere persönlichen begrenzten Erfahrungen und gehen davon aus, daß der Rest der Welt ihnen entspricht.

So ist es auch mit unseren Kindern. Wenn Sie einfach irgendwelche Versprechungen machen und sie nicht befolgen, werden Sie für Ihre Kinder unglaubwürdig. Wenn Sie Versprechungen machen ohne die Absicht, sie einzuhalten, nur weil Sie im Augenblick überfordert sind, zeigen Sie Ihrem Kind damit, daß man Ihnen nicht trauen kann. Vielleicht erinnert es sich nicht genau an die Versprechen, die gebrochen wurden (andererseits könnte es dies sehr wohl tun!), aber es wird sicher daraus schließen, daß man sich nicht auf Ihr Wort verlassen kann. Und wenn es sich in unbedeutenden Dingen nicht auf Ihr Wort verlassen kann, wie können Sie dann glaubwürdig sein, wenn es um wichtigere Dinge geht?

Es gibt viele Formen von Integrität und Glaubwürdigkeit, aber sie haben alle damit zu tun, daß man Zusagen einhält. Wenn ein Kind sicher sein kann, daß Sie zu Hause sein werden, wenn es um elf Uhr aufwacht und Sie gesagt hatten, daß Sie um zehn Uhr zurückkommen, wird es als Teenager eher einsehen, warum Sie entsprechendes Verhalten auch von ihm erwarten. Kinder lernen entweder, daß man sich auf das Wort einer Person verlassen kann, oder daß man es nicht so ernst nehmen sollte. Wenn sie letzteres erleben, könnte es ihnen als Erwachsene schwer fallen, Versprechen und andere Zusagen einzuhalten.

Kinder brauchen Würde und Achtung

Moralische Vorbildlichkeit betrifft auch persönliche Würde und Achtung. Wenn Sie möchten, daß Ihr Kind andere Menschen respektiert, müssen Sie ihm zeigen, daß Sie es ebenfalls respektieren. Sie können dies auf einfache Weise tun, indem Sie eine Atmosphäre schaffen, in der offen über verschiedene Meinungen und moralische Probleme diskutiert werden kann.

Auch wenn ein Kind noch sehr klein ist, möchten wir, daß es weiß, daß es offen über schwierige ethische Fragen reden kann. Wenn wir auf Meinungsäußerungen, denen wir nicht zustimmen, mit dem Einwurf antworten: „Das ist doch Quatsch", oder naive Auffassungen mit einem Lachen abtun, zeigen wir unserem Kind, daß es in Ordnung ist, die Würde anderer zu verletzen und daß es sicherer ist, überhaupt keine Meinung zu äußern.

Niemand wird gern für dumm gehalten. Nur wenige sind dazu bereit, sich wiederholt Situationen auszusetzen, in denen ihre Selbstachtung angegriffen wird. Daher ist es wichtig, in Ihrer Familie eine Atmosphäre emotionaler Sicherheit zu schaffen, in der ethische Fragen diskutiert werden können. Je mehr die Kinder laut mit anderen über diese Fragen streiten können, desto eher werden sie imstande sein, ihre Werte klar zu formulieren und zu überdenken.

Dies ist die einzige gesunde Art, wie Kinder zu einer klaren Haltung in moralischen Fragen kommen können. Wenn sie sich bei Ihnen nicht sicher genug fühlen, werden sie sich wahrscheinlich an ihre Altersgenossen und deren Eltern wenden, um schwierige ethische Entscheidungen zu besprechen – Entscheidungen, die Dinge betreffen wie Drogen, Sex, Abtreibung, Beziehungen und persönliche Freiheit. Oder sie suchen Antworten in Filmen, im Fernsehen oder in der Popmusik. Es ist jedoch besser, wenn Sie zu Hause eine offene, unvoreingenommene Atmosphäre schaffen, so daß Ihre Kinder wissen, daß jede Meinung, die sie vielleicht äußern werden, respektiert und ernstgenommen wird.

In manchen Familien bilden die gemeinsamen Mahlzeiten das Forum, wo ethische Fragen diskutiert werden, die alle Mitglieder betreffen. In anderen Familien bilden Zeitungsartikel oder die Lebenshilfe-Seiten einer Zeitschrift einen objektiveren Anlaß, über schwierige ethische Probleme zu sprechen. Indem Sie diese aus dem Leben gegriffenen Probleme diskutieren, geben Sie Ihren Kindern die Möglichkeit, als gleichberechtigte Partner gemeinsam mit Erwachsenen an moralischen Überlegungen und Entscheidungen teilzuhaben.

Sie müssen daran glauben, daß Sie Ihren Kindern eine wichtige ethische Botschaft zu vermitteln haben. Sonst nehmen Sie Ihre Verantwortung als Eltern nicht wahr und überlassen die moralische Erziehung Ihrer Kinder anderen. Gleichzeitig sollten Sie dafür sorgen, daß Ihre Familie ein Ort der Liebe und Geborgenheit ist, ein geschützter Ort, an dem Ihre Kinder sich mit den moralischen Fragen auseinandersetzen können, die ihr Leben betreffen. Nur wenn Sie sie als Menschen betrachten, die im Begriff sind, ein ethisches Bewußtsein zu entwickeln und dementsprechend ihre Gefühle und Gedanken achten, können Ihre Kinder lernen, Ihre Werte zu respektieren.

Beteiligen Sie Ihre Kinder an Entscheidungen innerhalb der Familie

Als in sich abgeschlossene „Minigesellschaft" kann Ihre Familie ein Versuchsraum sein, in dem ethische Entscheidungen im größeren sozialen Umfeld eingeübt werden. Sie können dies zum Beispiel erreichen, indem Sie Regeln für das Zusammenleben in der Familie auf eine demokratischere Weise festlegen, als dies in einer traditionellen Familienstruktur der Fall ist, wo alle Regeln von den Eltern bestimmt werden.

Natürlich müssen einige Entscheidungen den Eltern überlassen bleiben. Nicht zur demokratischen Diskussion stehen sollten Fragen der Gesundheit und der Sicherheit (die unter anderem das Rauchen und den Alkoholkonsum betreffen), das Festlegen der Uhrzeit, zu der Kinder abends zu Hause sein sollen, und Regeln darüber, welche Arten des Vergnügens warten müssen, bis Schulaufgaben und Arbeiten im Haushalt erledigt sind. Trotzdem gibt es viele Bereiche des Familienlebens, in denen sich Ihre Kinder aktiv am Aufstellen von Regeln beteiligen können, zum Beispiel:

■ Gestaltung der Freizeit und außerschulische Aktivitäten,

- wann Hausaufgaben erledigt werden und in welcher Umgebung (ob zum Beispiel nebenher Musik gehört werden darf),
- was es zum Essen geben soll,
- welche Kleidung sie in der Schule tragen,
- wer welche Arbeiten im Haushalt übernimmt,
- wofür sie ihr Taschengeld ausgeben,
- ob sie Gottesdienste besuchen,
- ob und wie oft sie bei Freunden übernachten dürfen.

Indem Sie Ihre Kinder am Entscheidungsprozeß teilhaben lassen, erkennen Sie sie als eigenständige Persönlichkeiten mit eigenen Gedanken und Bedürfnissen an. Sie erweisen ihnen dadurch Achtung und Vertrauen. Sie werden feststellen, daß Ihre Kinder Regeln viel eher befolgen, wenn sie sie selbst mitgestaltet haben. Ihre elterliche Autorität wird also weniger oft in Frage gestellt werden. Es ist durchaus möglich, daß Sie überrascht sein werden, wie vernünftig und angemessen die Ideen Ihrer Kinder sind.

Viele Familien halten regelmäßige Treffen ab, um über Fragen zu diskutieren, Regeln zu überdenken, Aufgaben zu verteilen und Unternehmungen zu planen. Diese Treffen können wöchentlich, monatlich oder in anderen Abständen stattfinden. Sie müssen nicht immer nach dem gleichen Schema ablaufen; jede Familie kann für sich herausfinden, welche Form ihren Bedürfnissen und Fragen am ehesten entspricht. Wichtig ist, alle zu aktiver Teilnahme zu ermuntern und allen Familienmitgliedern das Gefühl zu geben, daß ihre Belange gehört und überdacht werden. Durch solche Diskussionen erfahren Kinder, daß sie wichtig für die Familie als Gemeinschaft sind, und sowohl Kinder als auch Erwachsene lernen, wie man Konflikte lösen, verhandeln und Kompromisse schließen kann.

Ein Aspekt dieser Methode, innerhalb der Familie Regeln aufzustellen, trifft oft auf Widerstand und zwar durch die Eltern! Wenn Regeln offen diskutiert und demokratisch vereinbart werden, müssen sich Eltern genauso an sie halten wie Kinder. Wenn die ganze Familie zum Beispiel daran beteiligt war, festzulegen, welche Arbeiten im Haushalt erledigt werden müssen oder wieviele Stunden während der Woche ferngesehen werden darf, müssen Eltern und Kinder diese Entscheidungen respektieren. Wenn Sie sich an diese gemeinsamen Entscheidungen halten, zeigen Sie Zuverlässigkeit und Achtung vor den anderen.

■ Die Grundlagen unseres Wertesystems

Ich bin bei diesem Thema natürlich nicht unvoreingenommen. Ich bin sehr religiös erzogen worden und arbeite in religiösen Institutionen. Trotzdem bin ich seit Jahren der Meinung, daß Menschen mit einem starken ethischen Bewußtsein, die besonders gut mit den komplexen moralischen Problemen unserer Zeit zurechtkommen, Menschen sind, die feste spirituelle und religiöse Überzeugungen haben. Daher glaube ich, daß es gut ist, ethisches Handeln auf einen religiösen Ausgangspunkt zu beziehen und einen solchen Ausgangspunkt Ihren Kindern weiterzugeben als Teil einer gemeinsamen Tradition.

Ich glaube, daß Moral in einer transzendenten Macht gegründet ist, die wir in unserer Sprache „Gott" nennen. Ich glaube, daß diese Macht durch den menschlichen

Verstand nicht bis ins letzte ergründet werden kann und trotzdem den Ursprung der Werte bildet, auf denen das ethische System unserer Gesellschaft beruht. Ich glaube, daß wir, wenn wir diese moralische Autorität im Universum anerkennen, behaupten können, daß bestimmte Verhaltensweisen falsch und andere richtig sind.

Dieses moralische System nennt man „ethischen Monotheismus" oder „christlich-jüdische Ethik". Aber selbst wenn man nicht an Gott, die christlich-jüdische Tradition oder irgendeine andere Religion glaubt, sind wir in unserer Kultur ethischen Grundsätzen verpflichtet, die aus dieser Tradition stammen. Güte, Mitgefühl, Integrität, Gerechtigkeit, Demut, persönliche Entfaltung, Achtung vor dem Menschen, Liebe – all die Werte, die wahrscheinlich auf der Liste Ihrer Grundwerte stehen, sind durch dieses allgemein akzeptierte ethische System vermittelt.

Ich glaube, daß es um vieles leichter ist, Ihre Kinder zu ethisch geleitetem Verhalten zu erziehen, wenn Sie die ethischen Prinzipien der jüdisch-christlichen Tradition für sich akzeptieren können. Es spielt keine große Rolle, welcher Religion Sie angehören – wichtig ist, *daß* Sie einer Religion angehören. Denn letztendlich verbindet alle Religionen dasselbe Ziel, ganz gleich, ob die eine oder andere für sich beansprucht, die „richtige Antwort" zu haben oder in besonders unmittelbarer Weise Gottes Willen zu kennen: Alle möchten Menschen ein ethisches Bewußtsein verleihen. Alle Religionen lehren die Unantastbarkeit des Lebens und daß alle Menschen Teil einer großen Gemeinschaft sind. Ich glaube, daß hinter allen Ritualen, theologischen Theorien, religiösen Gesetzen und heiligen Texten die Absicht steht, uns zu so guten Menschen zu machen, wie wir es nur irgend sein können, so daß wir in der Lage sind, eine Welt zu schaffen, die von Gerechtigkeit, von Mitgefühl und vom Glauben bestimmt ist.

■ Zivilcourage beweisen

In der heutigen Zeit Eltern zu sein, erfordert Zivilcourage – die innere Festigkeit, die es uns erlaubt, den Kräften in der Gesellschaft die Stirn zu bieten, die die Werte, die uns wichtig sind, verunglimpfen und mißachten. Man braucht Zivilcourage, um die große Verantwortung auf sich zu nehmen, Kinder in einer Umgebung großzuziehen, die vom Werteverfall geprägt zu sein scheint. Man braucht Zivilcourage, um an sich selbst und die eigenen Grundsätze zu glauben, um an dem Glauben festzuhalten, daß es Werte gibt, die unabhängig von Zeit und Mode Gültigkeit haben, und um leidenschaftlich davon überzeugt zu sein, daß es sich lohnt, seinen Kindern diese Werte vorzuleben.

Wir beweisen Zivilcourage, wenn wir

- darauf bestehen, einem Freund die Wahrheit zu sagen, auch wenn es unbequem ist,
- uns einer Schulkommission widersetzen, die gemäß einer herrschenden Meinung ein Buch von hohem literarischem Rang zensieren will,
- einen Leserbrief an eine Zeitung schreiben und die Herausgeber dafür loben, daß sie bereit waren, einen Artikel über ein umstrittenes moralisches Thema zu veröffentlichen.

Wir sind ein besonders gutes Vorbild für Zivilcourage, wenn wir solche Dinge zu alltäglichen Handlungen machen. Forschungen über mutiges, selbstloses Verhal-

71

ten im von den Nazis besetzten Europa haben gezeigt, daß die meisten Menschen, die ihr Leben riskierten, um andere zu schützen, gar nicht der Meinung waren, etwas Außergewöhnliches zu tun. Menschen, die andere in ihren Häusern versteckten, um sie vor den Vernichtungslagern zu bewahren, die die Verfolgten mit Essen und Kleidung versorgten oder geheime Schulen gründeten, äußerten stets, daß sie sich nicht hätten vorstellen können, anders zu handeln. Für sie entsprach ihr Verhalten nur ihrer Auffassung dessen, was es heißt, ein Mensch unter Menschen zu sein, die alle ähnliche Bedürfnisse, Hoffnungen und Träume haben.

Diese Menschen erfuhren von engagierten und mitfühlenden Priestern und Pfarrern, daß diese Art Verhalten „ethisch begründet" sei. Aber von ihren eigenen Familien hatten sie gelernt, daß dieses Verhalten alltäglich ist, denn so hatten ihre Eltern gehandelt, und so waren diese mit anderen Menschen umgegangen.

■ Das Vorbild der Eltern hat eine tiefgreifende Wirkung

Immer wieder kann man am Beispiel rücksichtsvoller und ethisch handelnder Menschen sehen, wie grundlegend wichtig das Vorbild der Eltern ist: Wenn Sie Charakterstärke beweisen, werden Ihre Kinder dies auch tun. Sie müssen sich nur darüber im klaren sein, daß Sie die Möglichkeit haben, das ethische Verhalten Ihrer Kinder durch ihre eigenen Handlungen zu fördern.

Darum ist es wichtig, daß Sie jeden Tag so handeln, wie Sie es sich von Ihren Kindern wünschen. Sie sollten nicht zu hohe Anforderungen an sich selbst stellen oder erwarten, jedesmal genau die richtige Entscheidung zu treffen. Aber Sie können ein Bewußtsein für ethisches Handeln entwickeln, indem Sie sich an folgende Faustregel halten: Jedesmal, wenn Sie eine ethische Entscheidung treffen müssen, sollten Sie sich fragen, wie sich Ihr Kind in der gleichen Situation verhalten sollte. Meist werden Sie sofort wissen, was Sie tun müssen.

Wir können nicht immer genau wissen, was unsere Kinder außerhalb des Hauses erleben, aber wir haben einigen Einfluß darauf, was sich zu Hause abspielt. Das Zuhause sollte eine Art Versuchslabor für ethische Verhaltensweisen sein und gleichzeitig ein Ort der Sicherheit und der Liebe. Was man sät, wird man tatsächlich auch ernten: Wenn Kinder wissen, wie es ist, täglich Güte, Vertrauen und Gerechtigkeit zu erfahren und geachtet zu werden, werden sie diese Eigenschaften übernehmen, weil sie ihnen selbstverständlich geworden sind. Wenn Sie ihrem Leben eine ethische Dimension verleihen, werden sie sich das Leben kaum anders vorstellen können.

Wie Sie moralisches Vorbild sein können

■ Seien Sie sich bewußt, daß Sie Ihren Kindern die unmittelbarsten Vorbilder sind und daß Ihre Kinder sofort merken, wenn Ihre Taten nicht Ihren Worten entsprechen.

■ Zeigen Sie durch Ihr alltägliches Verhalten, welche Werte Ihnen am wichtigsten sind.

■ Begegnen Sie Ihren Kindern jeden Tag mit Wärme, und seien Sie glaubwürdig.

■ Behandeln Sie Ihre Kinder mit Achtung und Würde.

■ Halten Sie sich an die Grundsätze, die in der spirituellen Tradition unserer Kultur verankert sind.

■ Seien Sie mutig, und stehen Sie für Ihre Werte ein.

■ Fragen Sie sich jedesmal, wenn Sie eine ethische Entscheidung treffen müssen, wie Ihr Kind sich in dieser Situation verhalten sollte.

Regel Nr. 3:
Stellen Sie realistische, dem Alter angemessene Erwartungen an Ihre Kinder

Kennen Sie die Geschichte von dem dreijährigen Jungen, der im Auto auf dem Rücksitz saß und einen Apfel aß? „Papa", fragte der Junge, „warum wird mein Apfel braun?"

Sein Vater sagte: „Weil das Fruchtfleisch des Apfels mit der Luft in Kontakt kommt, wenn die Schale weg ist. Dadurch oxidiert das Fruchtfleisch und ändert seine molekulare Struktur, und deshalb ändert sich auch die Farbe des Apfels."

Eine lange Stille folgte. Dann kam es leise vom Rücksitz: „Papa, redest du mit *mir*?"

Jeder Mensch macht im Laufe seines Lebens eine Reihe von Entwicklungsstadien durch, sowohl körperlich als auch geistig. Niemand würde auf die Idee kommen, einem Dreijährigen die Prinzipien organischer Chemie beizubringen oder wie man auf eine Zielscheibe schießt. Wir wissen, daß die Eigenschaften und Fähigkeiten eines Kindergartenkindes Welten von denen eines Jugendlichen entfernt sind. Es ist selbstverständlich für uns, daß ein Kind verschiedene Entwicklungsphasen durchmacht, und wenn wir das an ihm beobachten, denken wir kaum darüber nach.

Daß ein Kind jedoch auch in seiner moralischen Entwicklung verschiedene Phasen durchläuft, wurde erst in den letzten Jahrzehnten erkannt. Die Psychologen sind sich zwar nicht einig darüber, welche spezifischen Merkmale die verschiedenen Phasen kennzeichnen und wie es dazu kommt, daß ein Kind allmählich von einer Phase in eine andere überwechselt, aber alle gehen davon aus, daß sich das moralische Urteilsvermögen von Kindern ebenso allmählich entwickelt wie ihre körperlichen und intellektuellen Fähigkeiten. Lawrence Kohlberg zum Beispiel beschrieb diesen Prozeß als einen langsamen Übergang von einer „vorkonventionellen Phase" über eine „konventionelle Phase" zu einer „postkonventionellen" oder „prinzipiengeleiteten Phase". Im Anschluß finden Sie einen Überblick über die verschiedenen Stufen der moralischen Entwicklung von Kindern.

Die Stufen der moralischen Entwicklung bei Kindern

Stufe eins	Wer die Macht hat, ist im Recht	*Wer älter und stärker ist, hat die Macht.*
Stufe zwei	Auge um Auge	*Wie du mir, so ich dir.*
Stufe drei	Erfüllung äußerer moralischer Erwartungen	*Anerkennung durch andere*
Stufe vier	Verinnerlichung (Internalisierung) eines ethischen Selbstideals	*Gerechtigkeit verbunden mit Verständnis und Einfühlungsvermögen*
Stufe fünf	Soziale Verantwortung	*Zugehörigkeit zu größeren sozialen Gruppen*

Stufe sechs	Persönliche Verant- wortung und Be- wußtsein der Gleich- berechtigung aller	*Achtung vor* *den Rechten* *anderer*

Wenn unsere Kinder die prinzipiengeleitete Phase erreichen, ist dies das natürliche Ergebnis einer Entwicklung,
die wir dadurch fördern können, daß wir ihnen ein Vorbild sind, gemeinsam mit ihnen wichtige Erfahrungen machen, intensive Gespräche mit ihnen führen und richtiges
Handeln durch Lob und Anerkennung bestärken. Es gibt
keine direkte, schrittweise Anleitung, dieses Ziel sicher zu
erreichen. Worauf es jedoch ankommt, ist, daß ethische
Verhaltensweisen zwar erlernte Verhaltensweisen sind,
aber gleichzeitig auch natürlichen Veranlagungen entsprechen. Wenn wir uns in unserer Erziehung an Richtlinien
orientieren, die diese natürlichen Veranlagungen berück-
sichtigen, führt uns dies leichter zum Erfolg. Wenn wir
unsere Kinder fordern und unterstützen, erhöht sich die
Wahrscheinlichkeit, daß sie die verschiedenen Stadien der
moralischen Entwicklung angemessen durchlaufen. Lassen Sie uns nun einen genaueren Blick auf die einzelnen
Stufen werfen. Wie schaffen Kinder den Übergang von
einer Stufe zur nächsten? Wir können daraus ersehen, was
wir tun können, um sie auf diesem Weg zu begleiten.

■ Stufe eins: Wer die Macht hat, ist im Recht

Die erste Stufe moralischer Entwicklung könnte man
durch die Aussage „Wer die Macht hat, ist im Recht"
kennzeichnen. In diesem Entwicklungsabschnitt besteht

die einzige Motivation für ethisches Verhalten darin, Ärger mit Erwachsenen zu vermeiden. Erwachsene werden für allmächtig und allwissend gehalten. Diese Logik findet sich bei Kindern von etwa vier bis fünf Jahren. Man sollte von Kindern in diesem Alter nicht zuviel erwarten, da sie im allgemeinen noch nicht fähig sind, abstraktere moralische Prinzipien zu verstehen.

Kinder können auf dieser Stufe noch nicht verstehen, daß Verhaltensregeln zu einem praktischen Zweck geschaffen sind, bzw. daß eine Gesellschaft erst durch Regeln funktioniert, die eine grundlegende Sicherheit und Stabilität gewährleisten. Sie wissen nur, daß Regeln von Menschen mit Macht geschaffen werden (nämlich von den Erwachsenen), um jüngere und schwächere Menschen unter Kontrolle zu halten oder einfach um sie herumzukommandieren. „Schlau" ist dann, wer es schafft, die Regeln nicht einzuhalten, ohne erwischt zu werden, oder wer sie zu seinem eigenen Vorteil verändern kann.

Kinder in dieser ersten Entwicklungsstufe können also Regeln nicht verinnerlichen oder sie als allgemeingültige Prinzipien betrachten. Moral ist eine Einbahnstraße: Kinder unterliegen der Macht der Erwachsenen, jüngere Kinder der der älteren, die Schwachen müssen sich den Starken beugen. Es gibt nicht den Grundsatz des „Gebens und Nehmens", keine Beziehungen, in denen beide Seiten gleichermaßen bekommen, was sie wollen. Stufe eins ist eine Phase des „Alles oder Nichts", in der Verhalten allein durch Macht bestimmt wird.

Manche ältere Kinder und auch manche Erwachsene befinden sich immer noch auf dieser Stufe. Von ihnen könnte man mit Recht behaupten, daß ihre moralische Entwicklung frühzeitig zum Stillstand gekommen ist. Sie hat nicht mit ihrer körperlichen Entwicklung Schritt gehalten. Diese Kinder können in ihrer Familie, in der Schule und in der Gesellschaft große Schwierigkeiten bereiten, da sie nie einen Begriff von Moral verinnerlicht haben, der sich am Allgemeinwohl orientiert.

Geben Sie Ihren Kindern eine Erklärung, wenn sie fragen „Warum?"

Sie unterstützen die moralische Entwicklung Ihrer Kinder auf allen Stufen, wenn Sie ihnen die Gründe für das nennen, was Sie von ihnen wollen. Geben Sie ihnen auch die Gründe für die Regeln, die sich daraus ergeben und für die Konsequenzen, die aus dem Verletzen dieser Regeln entstehen. Wenn Kinder nach dem „Warum" für Verhaltensregeln fragen, ist die Lieblingsantwort vieler Eltern: „Weil ich es sage." Diese Antwort schränkt das sich entwickelnde moralische Bewußtsein von Kindern ein. Studien haben gezeigt, daß sich Kinder von Eltern, die die von ihnen geforderten Verhaltensregeln nur durch ihre Autorität begründen, oft nicht über dieses Stadium der Angst vor Strafe hinaus weiterentwickeln. Wenn Sie Ihren Kindern die moralischen Überlegungen verständlich machen, die Ihren jeweiligen Entscheidungen zugrunde liegen, werden sie eher tun, was Sie sagen, und Ihre elterliche Autorität wird gefestigt.

Dies mag widersprüchlich erscheinen, ist es jedoch nicht. Gute Eltern verwenden schon seit langem Zeit, Sorgfalt und Geduld darauf, ihren Kindern moralische Überlegungen zu erklären, selbst wenn diese von ihrer Entwicklung her noch zu jung sind, um sie zu verstehen. Sie können gar nicht früh genug damit anfangen, Ihren Kindern zu zeigen, warum es wichtig ist, andere Menschen liebevoll zu behandeln, verläßlich zu sein und nicht zu stehlen. Es ist nie zu früh, um Kindern durch

Wort und Tat zu zeigen, daß ethisches Verhalten dazu beiträgt, eine Welt zu schaffen, in der wir gerne leben würden. Kinder begreifen diese Dinge immer besser, je weiter sie in ihrer moralischen Entwicklung fortschreiten. Jede Stufe zeigt ihnen einen neuen Aspekt des „Gesamtbildes" und bereitet sie auf die Entdeckungen der nächsten Stufe vor.

■ Stufe zwei: Auge um Auge

Nachdem Kinder die erste Stufe ihrer moralischen Entwicklung durchlebt haben, beginnen sie, das, was ihnen widerfährt, zurückzuzahlen – „Auge um Auge und Zahn um Zahn". Dieses Prinzip beruht darauf, Gleiches mit Gleichem zu vergelten, seien die Verletzungen nun tatsächlich vorhanden oder eingebildet. Wenn sie jemand schlägt, glauben sie, daß sie ihn zurückschlagen müssen. Wenn jemand ihr Notizbuch stiehlt, stehlen sie seines. *Alles* muß zurückgezahlt werden – körperliche Verletzungen, Beschimpfungen, ein böses Gesicht. Geschieht dies nicht, so gerät nach der Vorstellung der Kinder das Leben in irgendeiner Weise aus dem Gleichgewicht. Das gleiche Gesetz gilt, wenn ihnen jemand etwas Gutes tut. Auch das muß zurückgezahlt werden. Auf dieser Stufe der moralischen Entwicklung ist es das Wichtigste, daß die Bilanz aus Kosten und Nutzen am Ende stimmt, denn auf ausgleichende Gerechtigkeit kommt es an.

„Das ist nicht fair!"

Kinder auf dieser zweiten Stufe leben in ständiger moralischer Entrüstung. Sie glauben, daß alles „fair" sein muß, womit sie meist „gleich" meinen. Wenn sie dafür bestraft werden, daß sie eine bestimmte Regel gebrochen haben, dann müssen alle anderen auch dafür bestraft werden. Wenn der jüngere Bruder ein Geschenk bekommt, obwohl er nicht Geburtstag hat, verlangt die Fairneß, daß die ältere Schwester ebenfalls eines bekommt. Wenn das nicht passiert, ist die Hölle los: Das Kind ist beleidigt, es gibt Geschrei oder Tränen. Es könnte sogar sein, daß das Kind die scheinbare Ungerechtigkeit verinnerlicht und das Gefühl hat, als Mensch weniger wert zu sein als sein Bruder.

Wichtig ist, daß Sie Ihren Kindern klarmachen, daß „fair" grundsätzlich nicht bedeutet, daß alle „das gleiche" oder „dasselbe" bekommen, sondern vielleicht eher, daß man einem Kind das gibt, was es braucht. Nicht jeder braucht zur gleichen Zeit das gleiche wie alle anderen. Die große Schwester könnte vielleicht einen neuen Pullover gebrauchen, während der kleine Bruder neue Schuhe nötig hat. Für einen Erwachsenen mag das vernünftig klingen. Aber eines der Kinder oder beide könnten das Gefühl haben, daß sie „unfair" behandelt werden. Bei Kindern, die sich auf dieser Entwicklungsstufe befinden, ist es wichtig, daß Sie sie immer wieder auf den Unterschied zwischen Fairneß und Gleichheit hinweisen. Durch Ihr Verhalten sollten Ihre Kinder erkennen können, daß Fairneß bedeutet, jedem Kind die Achtung zu schenken, die es verdient. Die Hauptsache ist, daß alle Menschen die gleiche Wärme, Rücksicht und Achtung erfahren.

Sie können Ihr Kind auch darauf hinweisen, daß das Leben nicht immer fair ist, trotz aller guten Absichten. Wenn es zu Ihnen kommt und sich beklagt, daß es unfair behandelt worden ist, können Sie ohne weiteres sagen, „Weißt du was – du hast recht. Das war wirklich nicht fair, nicht wahr? Manchmal läuft es eben einfach nicht so, wie wir es gerne hätten. Was, meinst du, können wir tun, wenn so etwas passiert?" Reden Sie mit ihm über die Zufälle und Ungerechtigkeiten des Lebens. Erzählen Sie ihm von Situationen, in denen Sie auch zornig waren, weil etwas nicht „fair" war. Sagen Sie ihm, daß es trotzdem andere Menschen fair behandeln kann, auch wenn es unfair war, was ihm passiert ist. Denn das ist schließlich die Art und Weise, wie es selbst gerne behandelt werden möchte. Dies ist für kleine Kinder schwer einzusehen, aber darüber zu sprechen kann ihre moralische Entwicklung fördern.

Helfen Sie Ihrem Kind, moralische Zusammenhänge zu verstehen

Auf dieser Stufe heißt „fair" behandelt werden für Kinder allerdings oft, das zu bekommen, was sie *wollen*. In diesem Stadium spielen konkrete körperliche Erfahrungen eine große Rolle, und das Empfinden der Kinder für „richtig" und „falsch" richtet sich ganz nach den sichtbaren und fühlbaren Resultaten ihres Verhaltens. Sie können im allgemeinen nicht einsehen, daß Fairneß mehr bedeutet als die allgemeine Gültigkeit der Regeln, die von den Erwachsenen erstellt wurden; sie begreifen nicht, daß Fairneß auf allgemeineren Prinzipien der Gerechtigkeit beruht. Sie können daher nicht erwarten, daß Kinder auf dieser zweiten Entwicklungsstufe verstehen, daß sie die Fairneß untergraben, wenn sie stehlen oder lügen. Auf dieser Stufe haben so abstrakte Konzepte wie Vertrauen und Verläßlichkeit keine Bedeutung. Erst auf der nächsten Stufe beginnt ein Kind, einen abstrakten, universalen ethischen Kodex als Grundlage einer „fairen" Gesellschaft anzuerkennen. Trotzdem können Sie es zu dieser höheren Stufe hinführen, indem Sie Ihr eigenes vorbildliches Verhalten mit Erklärungen erläutern, die dieser höheren Stufe entsprechen.

Ein Beispiel: Ein Nachbar hat seine Sonnenbrille bei Ihnen vergessen. Nehmen Sie Ihr Kind mit, wenn Sie die Brille ihrem Besitzer zurückbringen. Auf dem Weg zu Ihrem Nachbarn können Sie Ihrem Kind erklären, warum es wichtig ist, die Sonnenbrille zurückzubringen – vielleicht glaubt Ihr Kind, daß man behalten darf, was man gefunden hat. Sagen Sie Ihrem Kind, daß Sie nicht in einer Gesellschaft leben wollen, in der die Menschen das Eigentum anderer einfach behalten. Sie könnten Ihr Kind auch bitten, sich einmal vorzustellen, wie die Welt aussähe, wenn man sich nicht darauf verlassen könnte, daß Nachbarn vergessene Dinge zurückbringen. Dies wird dazu beitragen, daß sich das ethische Bewußtsein Ihres Kindes in Richtung auf die nächste Stufe seiner Entwicklung erweitern wird.

Wenn Sie sich Zeit nehmen, das moralische Bewußtsein Ihres Kindes zu fördern, kann das noch andere Vorteile haben. Es ist eine wichtige Art, wie Sie ihm Achtung zeigen können. Ein Kind ist in jedem Alter empfänglicher für das, was Sie ihm vermitteln möchten, wenn es mit Respekt und Würde behandelt wird. Dadurch, daß Sie ihm Zeit und Aufmerksamkeit schenken, wird sein Selbstbewußtsein gestärkt. Es erscheint Ihrem Kind dann eher selbstverständlich, anderen Menschen seinerseits mit Respekt und Würde zu begegnen. Kinder, die moralisches Bewußtsein entwickeln, kommen langsam über das Stadium eng begrenzter Selbstbezogenheit hinaus, und die Befriedigung eigener Bedürfnisse verliert ihren zentralen Stellenwert. Sie werden sensibel für das Wohlergehen und die Gefühle anderer und erkennen, daß alle Menschen aufeinander angewiesen sind.

Nehmen Sie sich viel Zeit dafür, eine intensive Beziehung zu Ihren Kindern aufzubauen

Ob Sie Ihren Kindern dabei helfen können, die nächste Stufe ihrer moralischen Entwicklung zu erreichen, hängt letztendlich davon ab, ob Sie eine Beziehung zu ihnen aufgebaut haben, die auf Liebe, Vertrauen, Verständnis, Offenheit und Zuverlässigkeit beruht. Wenn Sie ihnen diese Eigenschaften in konsequenter Weise vorgelebt haben und wenn Sie ihnen konsequent gezeigt haben, daß es wichtig ist, wer sie sind und was sie zu sagen haben, werden sie sich in ihrem moralischen Denken eher von Ihnen leiten lassen. Wenn Ihre Kinder wissen, daß Sie bereit sind, ihre Meinungen anzuhören, eigene Fehler zuzugeben und Kompromisse einzugehen, werden sie Ihnen eher ihre eigenen Schwierigkeiten mit ethischen Fragen mitteilen (anstatt hinter Ihrem Rücken einfach zu tun, was sie wollen, in der Hoffnung, nicht erwischt zu werden). Sie werden leichter die nächste Stufe ihrer moralischen Entwicklung erreichen, wenn sie auf dieser Stufe durch Ihre Erziehung erfahren konnten, daß Ihre Autorität als Eltern und andere Arten von Autorität mehr sind als nur verschiedene Erscheinungsformen von Macht, die man umgehen und manipulieren kann, um die eigenen Ziele zu erreichen.

Um eine solche Beziehung zu entwickeln, braucht man Zeit. Sie können kaum auf Erfolg hoffen, wenn Sie warten, bis Ihre Kinder zu Jugendlichen herangewachsen sind. Sie brauchen Zeit, um von Anfang an eine Beziehung aufzubauen, in der Sie Ihre erzieherischen Ziele verwirklichen können. Dies geschieht durch unzählige gemeinsame Erlebnisse und Formen des Austauschs. Die Details sind unwichtig. Es können so einfache Erlebnisse sein wie ein Spaziergang, ein Picknick, ein Besuch in der

Stadtbibliothek oder im Theater oder bei einer Sportveranstaltung. Wichtig ist, daß Sie Gelegenheiten schaffen, mit jedem Ihrer Kinder intensive Zeit zu verbringen, in der nur Sie beide sich voll und ganz aufeinander konzentrieren können.

Führen Sie Ihr Kind auf eine höhere moralische Stufe

Im Prozeß der moralischen Entwicklung geht es nicht nur darum, daß Sie für Ihre Kinder glaubwürdig sind. Sie sollten darüber hinaus alles tun, damit sie sich in ihrem ethischen Denken weiterentwickeln. Sorgen Sie dafür, daß Ihre Kinder sich mit anderen Menschen aller Altersstufen, verschiedenen Geschlechts und verschiedener Nationalitäten und Volkszugehörigkeiten verbunden fühlen und erkennen, daß deren Sorgen, Freuden, Enttäuschungen und Erfolge dieselben sind wie ihre eigenen.

Um in Ihren Kindern mehr Bereitschaft zum Mitgefühl zu wecken, müssen Sie ganz bewußt an höhere Stufen moralischen Denkens appellieren als nur an Fairneß oder Gleichbehandlung. Wenn Sie Ihr Kind bitten, etwas für Sie oder ein anderes Familienmitglied zu tun, dann berufen Sie sich lieber auf Liebe als auf Gegenseitigkeit. „Tu das, weil wir eine Familie sind" oder „… weil Menschen so miteinander umgehen sollten" oder „… weil es das Richtige ist." Durch solche Formulierungen wenden Sie sich an eine höhere Stufe moralischer Bewußtheit, als wenn Sie sagen: „Tu das für mich, weil ich etwas anderes für dich getan habe." Wenn Ihnen religiöse Werte der jüdisch-christlichen Tradition wichtig sind, dann erinnern Sie an so einfache und doch wirkungsvolle Grundsätze wie „Liebe deinen Nächsten wie dich selbst", oder „Behandle deinen Nächsten so, wie du selbst behandelt werden willst." (Eine entsprechende nicht religiös geprägte Form dieser Aussage wäre: „Wie würdest *du* dich fühlen, wenn ...") Wenn Ihr Kind auf diese Weise begreift, was „Fairneß" wirklich heißt, ist es auf die nächste Stufe seiner moralischen Entwicklung gut vorbereitet.

▓ Stufe drei: Erfüllung äußerer moralischer Erwartungen

Kinder und Jugendliche müssen lernen, damit umzugehen, daß ihr Selbstwertgefühl zu einem großen Teil davon abhängt, wie andere sie beurteilen. Dabei können Sie ihnen helfen. Unser Verhalten erscheint uns richtig oder falsch, je nachdem, welche Reaktionen es bei unseren Mitmenschen auslöst. An dem, was sie sagen, an ihrem Gesichtsausdruck und an anderen Reaktionsweisen sehen wir, welche Wirkung unser Verhalten hat. Daraus ergeben sich sowohl positive als auch negative Folgen, die Sie Ihren Kindern erklären können.

Positiv ist, daß Ihre Kinder lernen, daß richtiges Verhalten gut ist, weil andere dann eine hohe Meinung von uns haben und wir selbst ebenfalls mit uns zufrieden sein können. Negativ hingegen ist das Risiko, daß wir ethische Urteile ganz und gar anderen überlassen und so keine Verantwortung mehr für unsere Handlungen und ihre Folgen übernehmen. Auf dieser Stufe ihrer Entwicklung sind Kinder stets um Zustimmung durch Eltern und Gleichaltrige (bis zu einem gewissen Grad auch durch Lehrer) bemüht. Daher besteht hier die große moralische Herausforderung an sie darin, diese äußeren Erwartungen in ihr entstehendes Wertesystem zu integrieren, ohne dabei zuzulassen, daß ihr Gewissen völlig von ihnen diktiert wird.

Auch aus diesem Grund ist es ein so schwieriges und riskantes Unterfangen, Kinder zu ethisch geleitetem Verhalten zu erziehen. Es stellt eine Gratwanderung dar zwischen Festhalten und Loslassen, zwischen Beaufsichtigung und Freiheit, Kontrolle und Unabhängigkeit, zwischen dem Bestreben, Kinder einerseits vor negativen Einflüssen zu bewahren und ihnen andererseits eine eigenständige Erkundung der Welt zu ermöglichen. Im Idealfall sollten Ihre Kinder Grundlagen für ethisch begründetes Verhalten entwickeln, auf die sie schließlich ihr eigenes moralisches Selbstverständnis aufbauen können. Wenn Sie durch Ihr Vorbild und Ihre Grundsätze diese ethische Identität gefördert haben, wird sie bestehen können, ganz gleich, welche Werte und Erwartungen von außen an Ihre Kinder herangetragen werden.

■ Stufe vier: Verinnerlichung eines ethischen Selbstideals

Bei einem normal verlaufenden Wachstum entwickelt sich das ethische Bewußtsein eines Kindes von einer Stufe, in der sich der Umgang mit anderen an der Frage orientiert: „Wenn das für dich ist, was ist dann für mich?" zu einer Stufe, in der das Kind über ein ethisches Selbstideal verfügt. Auf dieser Stufe heißt ethisch handeln und ein guter Mensch sein für ein Kind, daß es einem verinnerlichten Ideal entsprechen will, das die höchsten moralischen Aspekte seines Selbstverständnisses verkörpert.

Wenn Ihr Kind diese Stufe erreicht hat, kann es sich in die Situation anderer hineinversetzen. Es kann die Welt mit den Augen anderer sehen. Dies erlaubt ihm, in seiner Entscheidungsfindung ethisch flexibler zu werden. Die Welt erscheint dem Kind jetzt weniger holzschnittartig schwarzweiß, eingeteilt in Gut und Böse, sondern es betrachtet sie mehr als eine Bühne, auf der verschiedene Figuren mit ihrem Gewissen ringen und versuchen, das Richtige zu tun trotz ihrer Fehler und ihrer unzulänglichen Entscheidungen. Forderungen nach Gerechtigkeit werden durch Verständnis und Mitgefühl gemildert, und Ihr Kind beginnt, die moralischen Uneindeutigkeiten zu verstehen, die so vielen Konflikten und ethisch begründeten Entscheidungen des Lebens zugrundeliegen.

Reden Sie mit Ihren Kindern über moralische Konflikte

Weisen sie Ihr Kind auf zwiespältige moralische Probleme und die inneren ethischen Konflikte des Lebens hin. Erinnern Sie sich an Situationen in Ihrem Privatleben, am Arbeitsplatz oder in der Schule, wo Sie schwierige ethische Entscheidungen treffen mußten. Wenn Sie mit Ihrem Kind über diese Erfahrungen sprechen und ihm erklären, wie sich Ihre Entscheidungen auf Ihr Leben ausgewirkt haben, wird es eher imstande sein, die moralischen Ambivalenzen des Lebens zu akzeptieren. Sie können auch entsprechende Beispiele aus den Medien heranziehen. Solche alltäglichen Probleme bilden einen guten Einstieg in Diskussionen und lassen Ihr Kind erkennen, daß kein Mensch völlige moralische Klarheit bei allen Entscheidungen haben kann. Wir können nur die bestmöglichen Entscheidungen treffen und uns dabei an die ethischen Grundsätze halten, die wir gelernt haben.

■ Stufe fünf: Soziale Verantwortung

Auf dieser Stufe denken junge Menschen nicht mehr nur darüber nach, wie ihre moralischen Beziehungen zu bestimmten anderen Menschen beschaffen sind, sondern erfahren sich allmählich als Teile größerer sozialer Systeme. Sie stellen sich innerlich nicht mehr nur die Frage: „Was heißt es, eine gute Tochter, ein guter Sohn, ein guter Freund usw. zu sein?", sondern auch: „Was heißt es, ein verantwortungsbewußtes Mitglied meiner Gesellschaft, meines Staates, meiner Religion usw. zu sein?"

Während junge Menschen erforschen, was es heißt, Teil eines größeren sozialen Systems zu sein, entdecken sie, daß sie zu einem zusammenhängenden Gefüge gehören, in dem jeder dazu beitragen muß, daß das System funktioniert. Zum ersten Mal in ihrem Leben bezieht sich ihre persönliche Verantwortung auch auf die Gesellschaft. Sie spüren die Last der Verantwortung, die dadurch entsteht, daß sie Teil einer Gemeinschaft sind.

Erst auf dieser Stufe moralischen Urteilens verstehen Menschen wirklich, was es heißt, ein „mündiger Bürger" zu sein. Erst jetzt begreifen sie, warum in einer Kultur über ein so feinmaschiges Netz sozialer Regeln bewußt oder unbewußt Übereinstimmung herrschen muß, damit sie Bestand haben kann. Sie erkennen allmählich, daß es nicht ausreicht, einfach das in Anspruch zu nehmen, was die Gesellschaft ihnen bietet. Wenn die Menschen nicht zum Erhalt der Gemeinschaft beitragen, wird sie schließlich in einen amoralischen Zustand zurückverfallen, der von Gewalt und Gleichgültigkeit beherrscht ist.

Auf dieser Stufe verstehen Jugendliche auch zum ersten Mal, wie grundlegend wichtig Selbstachtung ist. Ihre Entscheidungen werden von dem Wunsch gesteuert, ein gutes Gefühl in bezug auf sich selbst zu haben, Integrität in ihrem Verhalten anderen gegenüber zu beweisen und ein Mensch zu sein, auf dessen Wort man sich verlassen kann. Sie betrachten diese Eigenschaften nun nicht mehr nur als wünschenswert, sondern auch als notwendig, weil andere Menschen eine hohe Meinung von ihnen haben sollen und sie ihrem eigenen moralischen Ideal entsprechen wollen.

Zeigen Sie Ihren Kindern, wie man ethische Entscheidungen an der Realität überprüft

In diesem Abschnitt ihrer Entwicklung beginnen junge Menschen sich zu fragen, wie sich ihre Handlungen auf andere Mitglieder ihres sozialen Systems auswirken werden. Sie fühlen sich allmählich nicht mehr nur für ihren eigenen kleinen Einflußbereich verantwortlich. Sie sind oft hin- und hergerissen zwischen dem enormen Druck, den Gleichaltrige auf sie ausüben, und dem Wunsch, eigenständig und unabhängig zu sein. Sie werden leicht durch die Vorlieben, Abneigungen und Moden ihrer sozialen Gruppe beeinflußt. Trotzdem suchen sie bei ihrer Identitätsfindung nach Möglichkeiten, sich von der Masse abzusetzen. Wenn sie nun über die Frage nachdenken: „Wie würde die Welt aussehen, wenn jeder so handeln würde wie ich?", hoffen sie ganz bewußt, daß die Antwort positiv ausfallen und ihre Entscheidungen bestätigen wird.

Damit Kinder in dieser Entwicklungsphase mit diesem seelischen Tauziehen fertigwerden, kann es hilfreich sein, ihnen zu zeigen, wie sie die Entscheidungen, die sie

treffen müssen, auf die Realität übertragen und so feststellen können, ob sie richtig sind. Wenn sie sich fragen,
wie die Welt wohl aussehen würde, wenn jeder das täte,
was sie jetzt vorhaben, können sie ethische Entscheidungen auf eine konkrete, überzeugende und leicht einseh-
bare Art abwägen. Jugendliche verstehen häufig sehr gut,
daß sozial verantwortungsvoll handeln heißt, so zu handeln, daß *sie selbst* ein Vorbild ethisch geleiteten Verhaltens für andere sein könnten, genauso wie ältere, erfah-
renere Menschen ein Vorbild für sie sind.

Geben Sie einfache Hilfen bei schwierigen Fragen
Indem Sie Ihren Kindern ein Gefühl der Unabhängigkeit
vermitteln und ihnen die Möglichkeit geben, eigene Entscheidungen zu treffen, helfen Sie ihnen, diese Stufe
moralischen Denkens zu erreichen. Darüber hinaus sollten Sie ihnen immer wieder bewußt machen, daß sie Teil
eines größeren sozialen Gefüges sind. Weisen Sie Ihre
Kinder auf die verschiedenen gesellschaftlichen Gruppen
hin, denen wir alle angehören: die Familie, die Arbeitskollegen oder die Schule und soziale, religiöse oder politische Gemeinschaften. Unterstützen Sie Ihre Kinder,
wenn sie an Unternehmungen der Pfadfinder, an Jugend-
gruppen, Mannschaftssportarten, Freizeitangeboten der
Gemeinde oder anderen gemeinschaftlichen Aktivitäten
teilnehmen möchten. Durch sie können sie sich als Teilnehmer verschiedenster Gruppen erfahren.

Eine dritte Möglichkeit, wie Sie Ihre Kinder an das
Leben in komplexen sozialen Systemen heranführen
können, besteht darin, sie auf die Alternativen hinzuweisen, die bei ethischen Entscheidungen immer bestehen.
Zeigen Sie ihnen Beispiele für die hohe Selbstachtung,
die manche Menschen beweisen: junge Frauen, die „nein"

zu sexuellem Gruppenzwang sagen, Erwachsene und Kinder, die bereit sind, für das einzustehen, woran sie glauben, auch wenn die Mehrheit anderer Meinung ist. Geben Sie einfache Lebensregeln weiter. Fragen Sie Ihr Kind zum Beispiel, wenn es sich entscheiden muß, wie es sich einer anderen Person gegenüber verhält: „Wäre es in Ordnung, wenn die Situation umgekehrt wäre?" Wenn die Antwort „ja" lautet, kann Ihr Kind ziemlich sicher sein, daß das beabsichtigte Verhalten richtig ist.

Eine weitere Methode stellt eine Art vorgestelltes Rollenspiel dar. Bitten Sie Ihr Kind, sich vorzustellen, es sei bei einer Auseinandersetzung der oder die andere. Fragen Sie es, ob es den Standpunkt dieser anderen Person darlegen und erläutern kann. Wenn es für diesen gegnerischen Standpunkt so energisch eintritt, als wäre es sein eigener, wird es überrascht sein, wie leicht es ihm fällt, Verständnis und Mitgefühl dafür aufzubringen.

Sie können Ihr Kind auch fragen: „Wie würdest du dich fühlen, wenn …" Wenn es darüber nachdenkt, wie es sich wohl fühlen würde, wenn es zum Beispiel ein Vertretungslehrer wäre, der Probleme mit einem frechen und lauten Schüler hat, oder ein Ladenbesitzer, der sich über Diebstähle ärgern muß, verläßt Ihr Kind die gewohnten Bahnen seines Denkens und ist gezwungen, Dinge aus der Perspektive anderer zu betrachten. Dadurch wird es fähig, jede Frage aus verschiedenen Blickwinkeln zu sehen und kann besser verstehen, warum Menschen mit unterschiedlichen Lebenserfahrungen unterschiedliche Meinungen vertreten.

Sie können dieses Ziel auch dadurch fördern, daß Sie mit Ihren Kindern über Ereignisse sprechen, die sich in der Welt außerhalb Ihres Wohnortes abspielen. Lassen Sie sie Bücher lesen und Filme ansehen, oder ziehen Sie andere Medien heran, um ihnen ein Verständnis für Lebensweisen jenseits ihrer eigenen Erfahrung zu vermitteln. Besprechen Sie wichtige Ereignisse in der Welt, die ethische Herausforderungen darstellen, und denken Sie mit Ihren Kindern gemeinsam über die ethischen Entscheidungen nach, um die es bei den aktuellen politischen und sozialen Fragen geht.

Begehen Sie nicht den Fehler, das Leben immer vereinfachen zu wollen. Uns sind die einfachen Fragen am liebsten, die mit „ja" oder „nein" beantwortet werden können, obwohl die Wahrheit meist irgendwo dazwischen liegt. Es kommt nicht darauf an, Ihren Kindern die „richtigen" Antworten auf schwierige moralische Fragen zu geben. Viel wichtiger ist, daß sie selbst über schwierige Fragen nachdenken und die Komplexität vieler Probleme erkennen. Dabei ist entscheidend, daß Sie Ihren Kindern helfen, mit der Komplexität und den Ambivalenzen des Lebens zurecht zu kommen und die offensichtlichen Widersprüche im eigenen Denken zu akzeptieren.

Es kommt hauptsächlich darauf an, wie Sie in bezug auf diese schwierigen sozialen Fragen handeln. Erleben Ihre Kinder, daß Sie sich engagieren, daß Sie Zeit und Energie für die Anliegen aufbringen, an die Sie glauben, und daß Sie sich innerhalb der Gesellschaft persönlich verantwortlich fühlen? Wenn nicht – wie können Sie dann von Ihren Kindern erwarten, daß sie selbst ein soziales Gewissen entwickeln? Vergessen Sie nie, daß Sie ihr unmittelbarstes und einflußreichstes Vorbild sind. Immer.

◼ Stufe sechs: Persönliche Verantwortung und Bewußtsein der Gleichberechtigung aller

Die höchste Form moralischer Bewußtheit besteht darin, über das eigene Ich hinaus zu erkennen, daß die Gesellschaft auf allgemeingültige Prinzipien gegründet ist. Diese Prinzipien verbinden alle Menschen allein durch die Tatsache, daß sie Menschen sind. Auf dieser Stufe moralischer Entwicklung bildet die Achtung vor den unveräußerlichen Rechten des Individuums die Grundlage für ethisch geleitetes Verhalten: die Unantastbarkeit der Würde des Menschen, das Recht auf Freiheit von Unterdrückung und Mißhandlung, das Recht, die Erfüllung der eigenen Träume und Ziele in Übereinstimmung mit dem allgemeinen Wohl anzustreben. Dies sind Rechte, die jeder Mensch von Geburt an hat, die in der Definition des Menschen selbst enthalten sind.

Dieser Gedanke ist ein Ausdruck dessen, was ich „geistige Demokratie" nennen möchte. Geistige Demokratie bedeutet, daß alle Menschen moralisch gleichberechtigt sind. Auf dieser Stufe des moralischen Denkens beurteilen wir jedes politische oder soziale System danach, in welchem Ausmaß es die Grundrechte jedes Menschen achtet, schützt und verteidigt. Nur für Menschen, die diese Stufe erreicht haben, kann das Konzept zivilen Ungehorsams Bedeutung haben, denn es beinhaltet, daß man sich nach einem höheren Ethos richtet, das mehr will als nur die Funktionsfähigkeit einer Gesellschaft aufrechterhalten.

Die Mahatma Gandhis und Martin Luther Kings dieser Welt dachten auf dieser moralischen Stufe, aber zahllose unbekannte Menschen tun dies ebenso. Unser Ziel ist es, ein größeres moralisches Bewußtsein innerhalb unserer Familien und innerhalb anderer Bereiche des Zusammenlebens zu entwickeln, damit unsere Kinder dazu ermutigt werden, an der Schaffung einer Welt mitzuwirken, in der die Menschen dazu angeregt und befähigt werden, sich selbst voll zu entfalten.

Auf dieser Stufe sind wahre Demokratie und kultureller Pluralismus möglich. Sie bildet das moralische Niveau, das unser politisches System erklärtermaßen anstrebt und für das unser soziales System eintreten will. Auf dieser Stufe kämpfen wir für eine bessere moralische Ordnung der Welt. Wir möchten, daß unsere Kinder diese Gesellschaft geistiger Demokratie als eine Vision der Welt betrachten, zu deren Verwirklichung sie beitragen können – einer Welt, die jeden einzelnen Menschen dazu ermutigt, sein einzigartiges Potential zu entfalten. Dafür einzutreten, daß diese Vision wahr wird, ist das beste, was man tun kann. Als Eltern sind wir durchaus in der Lage, eine solche Vision an unsere Kinder weiterzugeben.

■ Menschen sind komplexe Wesen

Aus diesem Überblick über die Stufen moralischer Entwicklung sollte man nicht schließen, daß Kinder sich Schritt für Schritt von einer Stufe zur anderen weiterentwickeln. Menschen sind sehr komplex strukturiert. Es ist unmöglich, mit hundertprozentiger Sicherheit vorauszusagen, wie ein Mensch sich zu einer bestimmten Zeit, unter bestimmten Umständen verhalten wird. Wenn Kinder höhere Stufen in ihrer moralischen Entwicklung erreichen, legen sie ihre gewohnten moralischen Urteilsweisen nicht ab wie einen alten Hut. Statt dessen integrieren sie ihre neuen Einsichten und ihre neuen Interpretationen der Dinge um sie herum in ihr neu entstehendes Wirklichkeitsverständnis.

Als Eltern wünschen wir uns, daß unsere Kinder als Menschen Erfüllung finden und rücksichtsvolle und verantwortungsbewußte Beziehungen zu anderen und zur Welt aufbauen. An uns liegt es, sie auf den richtigen Weg zu führen. Der Rest hängt von ihnen ab.

Wie Sie die moralische Entwicklung Ihrer Kinder begleiten können

■ Denken Sie daran, daß die Entwicklung des moralischen Urteilsvermögens bei Kindern verschiedene Stufen durchläuft. Am Anfang steht die Auffassung, daß Regeln einzig auf Macht beruhen. Es folgt eine Stufe, in der verschiedene Vorstellungen von Gleichbehandlung eine große Rolle spielen. Später entwickeln Kinder eine starke Sensibilität für die Reaktionen auf ihr Verhalten und ein moralisches Selbstideal. Am Schluß steht der Begriff einer sozial geprägten Ethik und das Bewußtsein persönlicher Verantwortung.

■ Erwarten Sie von Ihren Kindern kein Verständnis für moralische Fragen, das den Horizont ihrer Entwicklungsstufe übersteigt.

■ Fördern Sie gleichzeitig ihr moralisches Bewußtsein dadurch, daß Sie ihnen die Grundsätze ethisch geleiteten Verhaltens verständlich machen, die der jeweils höheren Entwicklungsstufe entsprechen.

Regel Nr. 4:
Zeigen Sie Ihren Kindern, daß Ihre Liebe nicht an Bedingungen geknüpft ist

Zu der Zeit, als ich an diesem Buch arbeitete, ging meine sechs Jahre alte Nichte eines Tages in eine Zoohandlung, um eine Maus zu kaufen. Der weise Besitzer des Ladens sagte zu ihr: „Nimm sie erst einmal hoch und halte sie auf dem Arm. Wenn du sie nicht streicheln kannst, wirst du auch nicht richtig für sie sorgen können."

Diese Geschichte machte mich nachdenklich. „Wie kommt es, daß niemand frischgebackene Eltern um das gleiche bittet, bevor sie ihr Kind mit nach Hause nehmen dürfen?" fragte ich mich. Jedes Kind verdient Zuneigung, Aufmerksamkeit, Lob und Anerkennung und bedingungslose Liebe, damit es ein starkes Selbstwertgefühl entwickeln kann. Nur dann kann es verstehen, daß auch andere Menschen seine Liebe und Aufmerksamkeit verdienen – daß sie es wert sind, daß man sich ihnen gegenüber ethisch verhält.

Warum wir unsere Kinder so lieben sollten, wie sie sind

Kinder brauchen die Gewißheit, daß sie bedingungslos geliebt werden. Wenn Sie Ihrem Kind vom ersten Lebensjahr an zeigen, daß es geliebt und akzeptiert wird, legen Sie die Grundlage für ethisch geleitetes Verhalten. Um-

97

armungen, Berührungen, Küsse und andere Liebesbezeugungen bilden das Fundament, das der weiteren spirituellen, emotionalen und sozialen Entwicklung Ihres Kindes die nötige Stabilität verleiht.

Kinder brauchen die Gewißheit, daß sie wertvoll sind. Sie müssen das Gefühl haben, daß sie Ihnen wichtig genug sind, um mit jedem einzelnen von ihnen Zeit zu verbringen und um sich dafür zu interessieren, was sie tun, was sie anziehen, was sie gebastelt haben und wie ihre Entwicklung voran geht. Diese scheinbar kleinen Dinge sind wichtiger für das Selbstwertgefühl eines Kindes als wir denken. Der Philosoph und Lehrer Henry James schrieb: „Das grundlegende Prinzip menschlicher Natur ist die Sehnsucht nach Anerkennung." Wenn Eltern ihren Kindern in konsequenter und angemessener Weise zeigen, daß sie sie akzeptieren und unterstützen, werden Kinder dies als Beweis dafür ansehen, daß sie wertvoll und liebenswert sind.

Etwas Wichtigeres können unsere Kinder vielleicht gar nicht lernen. Wenn sie an sich selbst glauben, haben sie die nötige innere Sicherheit, um andere ihrerseits zu achten und zu lieben. Wenn Kinder eine liebevolle Beziehung zu einer wichtigen Bezugsperson eingehen, haben sie den entscheidenden ersten Schritt in Richtung auf jenes positive Selbstbild getan, das im Erwachsenenalter so wichtig für ethisch geleitetes Verhalten ist.

Die eigentliche Schwierigkeit bedingungsloser Liebe besteht in ihrer Bedingungslosigkeit. Sie bedeutet, daß unsere Liebe zu unseren Kindern nicht kommt und geht, je nachdem, ob sie daran gedacht haben, ihre Aufgaben zu machen oder ob sie in der Schule in einen Streit verwickelt waren oder nicht. Sie bedeutet, daß wir unsere Kinder so lieben, wie sie sind, und nicht abhängig davon, wie sie sich im Augenblick verhalten. Sie bedeutet, daß sie unsere Liebe allein durch die Tatsache verdient haben, daß sie unsere Kinder sind und nicht, weil sie „brave" oder „gehorsame" Kinder sind.

Unterscheiden Sie zwischen dem Kind und seinem Verhalten

Bedingungslose Liebe bedeutet *nicht*, daß Sie Ihr Kind nicht zurechtweisen oder negatives Verhalten nicht korrigieren dürfen. Es kommt nicht darauf an, was Sie tun, sondern wie Sie es tun. Ein Kind kann auch durch strenge Regeln Liebe erfahren, wenn sie klar und konsequent durchgesetzt werden und Sie ihm immer wieder durch Lob und körperliche Zuwendung zeigen, daß Ihre Liebe nicht von seinem Verhalten abhängt.

Solche Liebe zu zeigen ist nicht immer leicht. Wenn wir enttäuscht und zornig sind, ist es oft schwer, zwischen dem Kind und seinem Verhalten zu unterscheiden. Es liegt dann nahe, einfach auf die typischen elterlichen Verurteilungen zurückzugreifen und unser Kind in ganz unangemessener Weise als schlecht, dumm, schwer von Begriff, rücksichtslos, verantwortungslos und nicht vertrauenswürdig zu bezeichnen.

Wenn wir dem Kind klarmachen wollen, daß wir zwar sein Verhalten mißbilligen, die Bedingungslosigkeit unserer Liebe jedoch davon nicht berührt wird, müssen wir uns *auf das Verhalten und nicht auf das Kind konzentrieren*. Nicht wer es ist, bringt uns so aus der Fassung, sondern was es getan hat. Dies mag wie eine Kleinigkeit erscheinen, zu nichtig vielleicht, um bedeutsam zu sein, aber für unsere Kinder macht es einen großen Unterschied, ob wir nur ihr Verhalten kritisieren oder ob wir *sie* verurteilen.

„Es ist nicht in Ordnung, daß du deinen kleinen Bruder einfach allein läßt" bewahrt das emotionale Gleichgewicht eines Kindes viel eher als „Du schlechtes, verantwortungsloses Kind!" So erhält unser Kind die Botschaft, daß wir mit seinem Handeln nicht einverstanden sind, wohl aber mit dem, wer es ist. „Ich mag es nicht, wenn du dir den letzten Keks nimmst" bringt viel deutlicher zum Ausdruck, was Sie meinen als „Du gieriges kleines Schweinchen!" Sie kritisieren damit das Verhalten Ihres Kindes, ohne seinen Wert als Person in Frage zu stellen.

Zeigen Sie täglich Ihre Liebe

Denken Sie immer daran, wie wichtig es ist, daß Ihre Kinder täglich spüren, daß Sie sie bedingungslos lieben. Für manche Eltern hat es sich bewährt, jedem Kind wenn möglich ein oder zwei Mal täglich ihre bedingungslose Liebe zu zeigen.

Dies bedeutet nicht, daß Sie jeden Tag ein Geschenk mit nach Hause bringen müssen. Statt dessen sollten Sie Ihrem Kind emotionale Geschenke wie Umarmungen und Küsse machen, ihm durch Worte zeigen, daß Sie es lieben und sein Selbstwertgefühl stärken. Auf diese Weise wird es für Sie selbstverständlich, Ihrem Kind mit bedingungsloser Liebe zu begegnen, und seine grundlegenden emotionalen Bedürfnisse werden gestillt.

Benjamin West, einer der ersten Amerikaner, die sich als Künstler einen Namen machten, erzählte immer wieder von einem Ereignis in seiner Kindheit. Er hatte ein Portrait seiner Schwester auf den Küchenboden gemalt. Als seine Mutter nach Hause kam, sah sie ihn an und rief (bevor sie ihn anwies, alles wieder sauber zu machen): „Was hast du für ein schönes Bild von deiner

Schwester gemalt!" Dann beugte sie sich zu ihm und küßte ihn. „Durch diesen Kuß bin ich Maler geworden", erinnerte sich West später.

Bedingungslose Liebe ist grundlegend wichtig für das emotionale Gleichgewicht aller Kinder. Kinder brauchen sie, um sich wertvoll genug zu fühlen, die gleiche Liebe anderen weiterzugeben und um dazu beizutragen, daß es in dieser Welt nicht weniger, sondern mehr Mitgefühl gibt. Nur Eltern können Kindern dieses Geschenk machen. Ohne die Liebe ihrer Eltern sind Kinder dazu verurteilt, ein Leben voll seelischer Schmerzen und Konflikte zu führen. Wo diese Liebe gegeben ist, sind dem, was sie erreichen können, keine Grenzen gesetzt.

Wie Sie Ihren Kindern zeigen können, daß Ihre Liebe nicht an Bedingungen geknüpft ist

- Zeigen Sie täglich bedingungslose Liebe durch Umarmungen, Küsse und liebevolle Worte.
- Lieben Sie Ihre Kinder so, wie sie sind, und nicht für das, was sie tun.
- Zeigen Sie Ihren Kindern täglich, daß Sie sie akzeptieren und unterstützen.
- Nutzen Sie jede Gelegenheit, um positives Verhalten zu loben.
- Achten Sie auf negative Verhaltensweisen Ihrer Kinder, aber machen Sie ihnen dabei klar, daß Ihre Liebe nicht von ihrem Verhalten abhängt.

Regel Nr. 5:
Stärken Sie das Selbstwertgefühl Ihrer Kinder

Stellen Sie sich vor, es stünde in Ihrer Macht, Ihren Kindern die eine wichtige Eigenschaft zu verleihen, die es ihnen ermöglicht, im Leben erfolgreich zu sein, einen Sinn darin zu erkennen und Freude und Erfüllung zu finden. Welche Eigenschaft, welcher Wesenszug, welche Voraussetzung wäre das? Nach Meinung fast aller Spezialisten für Kindesentwicklung ist diese Eigenschaft das Selbstwertgefühl.

Eine Studie von Dr. Stanley Coopersmith an der Universität von Kalifornien (zitiert in Thomas Lickona: *Wie man gute Kinder erzieht*) ist repräsentativ für die vielen Nachforschungen, die über die Ursachen und Auswirkungen des Selbstwertgefühls angestellt wurden. Er entdeckte, daß es klar erkennbare Unterschiede zwischen den Familien von Kindern mit hohem Selbstwertgefühl und denen von Kindern mit niedrigem Selbstwertgefühl gab. Eltern von Kindern mit hohem Selbstwertgefühl brachten ihren Kindern im allgemeinen mehr Liebe und Anerkennung durch tägliche Beweise der Zuneigung und Aufmerksamkeit entgegen als Eltern von Kindern mit niedrigem Selbstwertgefühl. Letztere hatten meist viel an Ihren Kindern auszusetzen und wiesen sie oft lautstark zurecht.

Entgegen der landläufigen Meinung waren die Eltern von Kindern mit hohem Selbstwertgefühl weniger nachsichtig und dabei konsequenter und eindeutiger, was ihre Erwartungen an das Verhalten ihrer Kinder betraf. Die Eltern von Kindern mit niedrigem Selbstwertgefühl waren in ihren Erwartungen häufig inkonsequent und unbestimmt. Entweder stellten sie gar keine Regeln auf, oder sie setzten sie nicht konsequent durch.

Darüber hinaus kamen Kinder mit hohem Selbstwertgefühl meist aus Familien, in denen man grundsätzlich auf demokratische Weise miteinander umging. Sie wuchsen mit dem Gefühl auf, daß ihre Meinung wichtig war, selbst als sie noch ziemlich klein waren. Ihre Eltern kümmerten sich um sie, um ihre Bedürfnisse und ihre Forderungen und nahmen ihre Vorschläge und Beiträge ernst.

Wie unterscheiden sich Kinder mit hohem von Kindern mit niedrigem Selbstwertgefühl? Sie können die Verhaltensweisen und Einstellungen Ihres Kindes ganz gut auf diese Eigenschaft hin überprüfen, wenn Sie die „Merkmalliste Selbstwertgefühl" zu Hilfe nehmen.

Merkmalliste Selbstwertgefühl

Kreuzen Sie die Eigenschaften an, die auf Ihr Kind zutreffen, um ungefähr einzuschätzen, wie stark sein Selbstwertgefühl ist.

Ein Kind mit hohem Selbstwertgefühl:
- ☐ ist stolz auf seine Erfolge
- ☐ kann selbständig handeln
- ☐ übernimmt Verantwortung
- ☐ kann Enttäuschungen ertragen
- ☐ geht neue Herausforderungen mit Begeisterung an

- [ ] fühlt sich in der Lage, sein Leben selbst in die Hand zu nehmen
- [ ] hat Sinn für Humor
- [ ] ist zielstrebig
- [ ] braucht keine sofortige Befriedigung
- [ ] sucht sich Hilfe, wenn es sie braucht
- [ ] ist selbstsicher und einfallsreich
- [ ] ist aktiv und voller Energie und bringt seine Gefühle spontan zum Ausdruck
- [ ] ist gelassen und kann mit Streß umgehen

Ein Kind mit niedrigem Selbstwertgefühl:
- [ ] vermeidet riskante Situationen
- [ ] fühlt sich machtlos
- [ ] ist leicht frustriert
- [ ] ist übersensibel
- [ ] braucht ständig Bestätigung
- [ ] läßt sich leicht von anderen beeinflussen
- [ ] sagt oft „Ich weiß nicht" oder „Ist mir egal"
- [ ] ist in sich gekehrt
- [ ] sucht bei anderen die Schuld für eigenes Versagen
- [ ] ist isoliert, hat wenig Freunde und ist oft gedankenverloren
- [ ] ist unkooperativ und gerät leicht in Wut
- [ ] ist nicht sehr mitteilsam
- [ ] ist anhänglich und unselbständig
- [ ] beklagt sich oft
- [ ] hat eine negative Grundeinstellung

(nach H. Clemens und R. Bean)

■ Unser Einfluß auf das Selbstwertgefühl unserer Kinder

Für jeden Menschen stellen die anderen eine Art Spiegel dar, der ihm Aufschluß über seinen sozialen Stellenwert gibt. Bis zu einem gewissen Grad bemessen wir unseren eigenen Wert an Maßstäben, die von anderen gesetzt werden. Kinder beobachten, wie sie von Gleichaltrigen behandelt werden und benutzen diesen äußerlichen Maßstab dann, um ungefähr einzuschätzen, wie „beliebt" sie sind. In ähnlicher Weise beobachten sie ihre Lehrer, um Hinweise darüber zu finden, ob sie „klug" oder „dumm" sind.

Die wichtigsten Spiegel für Kinder sind jedoch ihre Eltern. Wie wir unsere Kinder behandeln, in welchem Tonfall wir mit ihnen sprechen, mit wieviel Achtung wir ihren Ideen, Meinungen oder Diskussionsbeiträgen begegnen – all dies hat einen großen Einfluß auf ihr Selbstwertgefühl.

Vereinfacht gesagt, ruft ein positives Selbstbild positives, sozial akzeptables Verhalten und ein negatives Selbstbild negatives, inakzeptables Verhalten hervor. Auf die eine oder andere Weise sorgen wir unbewußt dafür, daß unser Verhalten mit unseren inneren Erwartungen übereinstimmt. Bei Kindern, die auf negative Weise auffallen, stellt man oft fest, daß sie damit in erster Linie versuchen, einem schon vorhandenen, negativen Selbstbild zu entsprechen.

Dies ist ein klassischer Fall einer sich selbst erfüllenden Prophezeiung. Wir möchten ein stimmiges Selbstbild aufrechterhalten, und indem wir uns an unserer Vorstellung davon orientieren, wie sich „jemand wie wir" in einer gegebenen Situation verhalten sollte, erlangen wir diese innere Sicherheit. Letztendlich suchen wir Bestätigung (vor allem, wenn es dabei um uns selbst geht) – also verhalten wir uns auf eine Weise, die uns selbst recht gibt.

Das Gute bei dieser Angelegenheit ist jedoch, daß die selbst erfüllende Prophezeiung in beide Richtungen funktioniert. Kinder, die glauben, daß sie gut, begabt, liebenswert und kompetent sind, werden sich in einer Weise verhalten, die zeigt, daß sie das alles tatsächlich sind. Deshalb ist es so wichtig, daß wir jedes unserer Kinder dazu bringen, von positiven Erwartungen auszugehen.

Das Selbstwertgefühl unserer Kinder zu fördern ist eine Aufgabe, die nicht nur für ihre ethische Entwicklung, sondern auch für Erfolg und Erfüllung in allen Bereichen ihres Lebens von entscheidender Bedeutung ist. Glücklicherweise gibt es eine Reihe von Techniken, die uns bei dieser Aufgabe helfen.

■ Feiern Sie die Einzigartigkeit Ihrer Kinder

Vor allem das Wunder ihrer Einzigartigkeit hilft uns dabei, das Selbstbewußtsein unserer Kinder zu stärken. Wir müssen dazu beitragen, daß unsere Kinder erkennen, wie wunderbar es ist, daß es sie unter den Milliarden von Menschen auf der Welt nur ein einziges Mal gibt. Niemand sonst auf der Welt, sei er noch so klug, schön, stark, begabt oder reich, kann je eine bessere Ausgabe ihrer selbst sein als sie. *Sie* werden immer die Besten darin sein, so zu sein wie sie, und ihre große Herausforderung ist nun, aus sich selbst das Beste zu machen, das sie sein können.

Diese Einsicht ist wichtig, denn unsere Auffassung dessen, wer wir sind, wird zeit unseres Lebens auf die Probe gestellt. Eltern und Lehrer, Geschwister und Gleichaltrige, Arbeitskollegen und Chefs, Lebens- und Ehepartner lassen uns nur zu oft fühlen, daß es äußerliche, objektive und allgemeine Maßstäbe gibt, an denen wir gemessen werden – Verhaltensmaßstäbe, Maßstäbe für Fähigkeiten und soziale Begabungen und Maßstäbe für körperliche Attraktivität. Dieses ständige Gefühl, mit einem (fiktiven) Ideal verglichen zu werden, kann dazu führen, daß wir uns minderwertig und kaum in der Lage fühlen, die Schwierigkeiten des Lebens zu meistern. Dieses Gefühl kann sich verheerend auf das Selbstwertgefühl von Kindern auswirken. Daher ist es von entscheidender Bedeutung, daß Sie Ihre Kinder immer wieder daran erinnern, daß sie einzigartig sind, bis diese Erkenntnis schließlich zu einem Teil ihrer selbst wird.

Denken Sie einmal im biologischen Sinne darüber nach. Jedes Baby, das gezeugt wird, ist vom Moment der Befruchtung an mit dem Gewinner einer Lotterie vergleichbar, in der die Gewinnchancen viel schlechter waren als in irgendeiner Wette in der Geschichte des Glücksspiels. Eine einmalige Eizelle und eine einmalige Samenzelle sind eine Verbindung eingegangen, die für alle Zeiten einzigartig ist.

Dies trifft auch im spirituellen Sinne zu. Die Erkenntnis, daß es einzigartig ist, kann eine der ermutigendsten Entdeckungen im Leben eines Kindes sein. Stellen Sie sich vor, wie frei es sich fühlen wird, wenn ihm klar wird, daß die einzige Person, mit der es sich zu vergleichen lohnt, es selbst ist! Wenn unsere Kinder erkennen, welch einzigartige und außergewöhnliche Geschöpfe sie sind, wird das unweigerlich ihr Selbstwertgefühl stärken.

■ Nutzen Sie die Macht der Worte

Stephanie Marston hat beschrieben, welchen großen Einfluß das, was Eltern sagen, auf das Selbstwertgefühl von Kindern hat. Sie zitierte eine Studie von Jack Canfield aus seiner Zeit an der Universität Iowa, in der Studenten höherer Semester einen Tag mit ganz normalen zweijährigen Kindern aus durchschnittlichen Familien verbrachten. Sie fanden heraus, daß diese Kinder insgesamt 432 negative Botschaften (wie etwa „Faß' das nicht an!" oder „Dazu bist du noch nicht groß genug") durch ihre Eltern erhielten, im Gegensatz zu 32 positiven Botschaften. Bei diesem Verhältnis wundert es nicht, daß viele Kinder mit dem Gefühl aufwachsen, sich nicht auf ihre Fähigkeiten verlassen zu können, nicht dazu imstande zu sein, den Höhen und Tiefen des Lebens ins Auge zu sehen und vielleicht sogar nicht einmal liebenswert zu sein.

Stephanie Marston hat auch auf die offensichtlichen, aber dennoch wichtigen Verhaltensregeln für Eltern hingewiesen, die das Selbstwertgefühl von Kindern fördern: Richten Sie Ihre Aufmerksamkeit auf das Verhalten des Kindes und nicht auf das Kind selbst, und nehmen Sie sich Zeit, um die Stärken Ihres Kindes auszubauen. Natürlich müssen Eltern dafür sorgen, daß negatives Verhalten klare Konsequenzen nach sich zieht. In einem späteren Kapitel werden wir sehen, wie man dies tun kann. Jetzt ist es erst einmal wichtig zu erkennen, daß Verhaltensweisen wie Stehlen, Lügen und das Drangsalieren anderer Kinder die notwendigen Konsequenzen daraus sind, daß Kinder eine negative Meinung von sich selbst haben. Eltern müssen sowohl der Ursache dieser negativen Meinung als auch dem Verhalten selbst Verständnis und Aufmerksamkeit schenken. Es ist tatsächlich oftmals leichter und wirkungsvoller, den Grund für die Wut und Frustration eines Kindes zu beseitigen, als es dafür zu bestrafen.

Machen Sie es sich zur Gewohnheit, Ihr Kind zu loben

Eltern haben ohne Frage am meisten Erfolg, wenn sie Augen und Ohren für die Dinge offen halten, die ihre Kinder gut machen. Als Eltern wird man Kindern besser gerecht, wenn man zum Beispiel bei den Hausaufgaben mit der gleichen Genauigkeit auf richtige Antworten achtet wie auf Fehler. Man hat mehr Erfolg, wenn man ein Kind genauso oft dafür lobt, daß es sein Zimmer aufgeräumt hat oder ordentlich angezogen ist, wie man es darauf hinweist, daß das Zimmer aufgeräumt werden sollte oder die Jeans, die es trägt, Löcher haben (was natürlich auch ein Ausdruck von Modebewußtsein sein kann).

Für Sie als Eltern kann es sehr befreiend sein, wenn Sie es sich zur Gewohnheit machen, die guten Seiten Ihres Kindes wahrzunehmen und zu loben. Für Kinder ist kaum etwas befriedigender und stärkt ihr Selbstwertgefühl mehr, als wenn ihre Eltern die Dinge, die sie gut machen, anerkennen. Aufmerksamkeit und Wertschätzung durch die Eltern wird um so wichtiger und wirkungsvoller, je mehr sich Kinder der Komplexität der Welt ausgesetzt sehen und sich immer mehr wie winzige Lebewesen in einem riesigen Ozean fühlen als wie eigenständige Individuen, die für jemand anderes wichtig sind.

Sie müssen nur an Ihre Beziehung zu Ihren eigenen Eltern denken, wenn Sie verstehen wollen, welche Auswirkungen das Geben und Verweigern von Zustimmung haben kann. Unser Selbstbild bleibt immer von der Suche nach Anerkennung durch unsere Eltern bestimmt, ganz gleich, wie alt wir werden oder ob unsere Eltern noch leben oder nicht.

Alle Lebewesen brauchen Sonnenschein, um zu wachsen und zu gedeihen. Durch Lob, Anerkennung und Unterstützung bringen wir auf einfache und doch wirkungsvolle Weise Sonnenschein in das Leben unserer Kinder. Jeder negative Kommentar wirkt wie ein Regenschauer, der ein kleines Stück Selbstwertgefühl hinwegschwemmt. Es gibt Menschen, die von einem ständigen Unwetter umgeben zu sein scheinen. Diese Haltung kommt zu einem großen Teil daher, daß sie die Mißbilligung ihres Verhaltens durch ihre Eltern so sehr verinnerlicht haben, daß sie nun glauben, von Grund auf schlecht zu sein und im Leben versagt zu haben.

Es überrascht eigentlich nicht, daß sich Eltern so sehr auf das negative Verhalten ihrer Kinder konzentrieren. Nachdem wir unserem Kind beigebracht haben, welche Verhaltensweisen wir von ihm erwarten, glauben wir, daß es nun immer das Richtige tun müßte: „Wenn ich ihm gesagt habe, daß es etwas tun soll, sollte es das einfach tun. Warum sollte ich es dafür belohnen?"

Wir neigen dazu, so zu denken, weil wir vergessen, daß richtiges soziales Verhalten eine Fertigkeit ist, die unsere Kinder *lernen* müssen. Wie jede andere Fertigkeit lernen sie diese nur durch wiederholtes Üben. Weil wir immer vom richtigen Verhalten ausgehen, fallen wir jedesmal über unsere Kinder her, wenn sie unseren Erwartungen nicht entsprechen. Gutes Verhalten erkennen wir nicht an, weil es uns nicht besonders bemerkenswert erscheint.

Es ist wichtig, daß Sie Ihre Kinder als Schüler betrachten, die dabei sind, bestimmte Verhaltensweisen zu erlernen, und daß Sie sich selbst als ihre Lehrer sehen. Sie würden nie von ihnen erwarten, eine Fremdsprache ohne wiederholtes Üben zu beherrschen. Genauso sollte es auch mit positivem sozialem Verhalten sein. Wenn Sie jede Verhaltensweise, der Sie zustimmen, als Fortschritt betrachten, wird es Ihnen leichter fallen, diese Verhaltensweise mit einem positiven Kommentar zu würdigen. Denken Sie daran: Je mehr Sie Ihre Kinder in richtigem Verhalten bestärken, desto leichter werden sie dieses erlernen.

Eine meiner Lieblingsgeschichten, die diesen Gedanken veranschaulichen, ereignete sich mit einem Kind im Vorschulalter. Es war ein kleiner Junge namens Adam, der eigentlich nichts besonders gut konnte. Eines Tages, als seine Mutter ihn vom Kindergarten abholte, war ein großer goldener Stern an seinem Hemd befestigt. Erstaunt und aufgeregt umarmte ihn seine Mutter und fragte: „Adam, womit hast du diesen schönen goldenen Stern verdient?"

Adam, ganz erfüllt von Stolz über seine Errungenschaft, antwortete: „Wir ruhen uns jeden Tag aus, und heute war *ich* der beste im Ausruhen!"

Adams Kindergärtnerin war wirklich eine gute Erzieherin. Sie hatte etwas gefunden, das das Kind gut machte und belohnte es dafür. Es gibt kaum einen besseren Weg, das Selbstwertgefühl eines Kindes zu stärken.

Sie sind für Ihre Kinder die wichtigsten Erzieher. Versuchen Sie, jeden Tag Anlässe zu finden, sie zu loben. Machen Sie das zu Ihrem besonderen Anliegen: Geben Sie sich selbst als tägliche Hausaufgabe auf, jedes ihrer Kinder zweimal mit einem positiven Kommentar zu belohnen. Versuchen Sie das drei Wochen lang. Ich verspreche Ihnen, daß dies positive, wenn nicht sogar sensationelle Auswirkungen auf Ihre Kinder und auf Sie selbst haben wird.

Sorgen Sie dafür, daß Ihre Kinder das Gefühl haben, ihre Sache gut zu machen

Alle Kinder müssen genau wie Adam die Erfahrung machen, daß sie in kleinen wie in großen Dingen kompetent sind. Sie brauchen das Gefühl, daß sie Aufgaben, die ihnen anvertraut werden, bewältigen können und daß man sich darauf verlassen kann, daß sie Schwierigkeiten meistern. Darum ist es wichtig, ihnen von einem frühen Alter an kleine Aufgaben im Haushalt zu übertragen. Es spielt keine Rolle, worin diese Aufgaben genau bestehen, solange das Kind ihnen gewachsen ist. Auf diese Weise wird es durch seinen Erfolg bestärkt und kann zufrieden mit sich selbst sein.

Kinder lernen so Schritt für Schritt, mehr Verantwortung zu übernehmen. Erfolg baut auf Erfolg, bis das Kind den festen Glauben hat, daß es fast alles erreichen kann, was es sich vornimmt. Dies spricht wahrhaftig für ein hohes Selbstwertgefühl und ist wichtig für ein erfolgreiches Leben. Kinder werden dann neuen Herausforderungen begegnen können, ohne von der Angst vor Versagen gelähmt zu werden.

Zeigen Sie Ihren Kindern in kleinen Dingen, daß Sie an sie glauben

Wenn Sie auf Ihr Leben zurückblicken, werden Sie sicherlich erkennen, daß es die kleinen Dinge waren – die kleinen Gesten der Unterstützung, Ermutigung und Liebe – die Ihnen am meisten bedeutet haben. Ob sie nun von einem Elternteil kamen oder von einem Kollegen, von einer Jugendliebe oder einem Lebenspartner – diese einfachen, von Herzen kommenden Beweise, daß jemand an Sie glaubte, bedeuteten Ihnen mehr als alle Erfolge des Lebens.

Die Mittagspause in der Schule, als ich Kind war, gehört zu den Dingen, an die ich mich am liebsten erinnere. Das liegt sicher nicht an der Qualität des Essens! Es liegt viel mehr daran, daß ich jedesmal, wenn ich ein Pausenbrot mitgebracht hatte und die Tüte öffnete, entdeckte, daß meine Mutter eine kleine Nachricht mit eingepackt hatte. Jedesmal teilte sie mir mit, daß sie mich liebte, an meine Fähigkeiten glaubte und überzeugt war, daß ich diesen Tag zu einem erfolgreichen Tag machen würde.

Es gibt kaum ein schöneres Gefühl im Leben, als die beglückende Gewißheit, daß unsere Eltern hinter uns stehen, daß sie an uns glauben und uns durch dick und dünn begleiten werden. Deshalb schlage ich Ihnen nun vor, das gleiche zu tun wie meine Mutter: Legen Sie zum Pausenbrot Ihres Kindes eine kleine, ermutigende Nachricht, wenn Sie es in die Schule schicken. Nehmen Sie auch andere Gelegenheiten wahr, ähnliche Nachrichten zu schreiben. Sie können Ihren Kindern gar nicht zuviel Anerkennung schenken. Sie können sie gar nicht oft genug daran erinnern, daß sie liebenswert und begabt sind und Ihr Vertrauen verdienen.

■ Jeden Tag neues Selbstvertrauen schenken

Als Eltern können Sie Ihren Kindern täglich Geschenke machen, die von Herzen kommen. Sie erfordern geringen Aufwand und nur sehr wenig Zeit und können doch eine große Wirkung auf das Selbstwertgefühl von Kindern haben. Von dieser Wirkung werden sie ihr Leben lang zehren.

Sie können auf eine einfache Art im Auge behalten, wie gut Sie das Selbstwertgefühl Ihrer Kinder stärken, indem Sie sich jeden Abend folgende Fragen stellen: „Wenn es allein davon abhinge, was ich heute gesagt und getan habe, wie würden meine Kinder sich dann als Menschen selbst einschätzen? Was habe ich heute getan, um ihnen Selbstvertrauen in Hülle und Fülle zu schenken?" Wenn Sie diese Fragen ehrlich beantworten, können sie für Sie ein Maßstab Ihrer Erziehung sein und Ihnen helfen, durch die Beziehung zu Ihren Kindern alle Voraussetzungen dafür zu schaffen, daß aus ihnen Menschen werden, die in ihrem Handeln ethischen Grundsätzen folgen.

Ich glaube, daß Kindererziehung mit einer Schatzsuche vergleichbar ist, auf der wir unsere Kinder begleiten. Der Schatz, den es dabei zu finden gilt, sind sie selber. Bei diesem Abenteuer der Selbstfindung sind wir als Eltern ihre Expeditionsleiter, ihre Fans, die sie anfeuern, ihre Berater und ihre Vorbilder. Wenn wir diese Rollen übernehmen, schenken wir unseren Kindern die Kraft und den Glauben, bei diesem lebenslangen Prozeß der Selbstfindung erfolgreich zu sein.

Wie Sie das Selbstwertgefühl
Ihrer Kinder stärken können

- Seien Sie sich bewußt, daß Selbstwertgefühl der wichtigste Faktor für ein erfolgreiches, zielbewußtes und sinnvolles Leben ist.
- Gehen Sie in bezug auf das Verhalten Ihrer Kinder von klaren, widerspruchsfreien Erwartungen aus.
- Respektieren Sie die Meinungen und Vorschläge Ihrer Kinder.
- Helfen Sie Ihren Kindern, ihre Einzigartigkeit zu erkennen.
- Geben Sie Ihren Kindern die Möglichkeit, ihre Fähigkeiten zu entwickeln und zu zeigen.

Regel Nr. 6:
Befähigen Sie Ihre Kinder dazu, die Folgen ihres Verhaltens zu verantworten

Eine große Herausforderung ethischer Erziehung besteht darin, unsere Kinder auch dann zu lieben, wenn sie trotzig sind, rebellieren und sich ungezogen verhalten. Alle Kinder halten es für ihre Pflicht, auszuprobieren, wo die Grenzen akzeptablen Verhaltens liegen und wo unsere Toleranz ein Ende hat. Als Eltern tragen wir die ethische Verantwortung, diese Grenzen zu setzen und aufrechtzuerhalten. An uns liegt es, das moralische Klima in unserer Familie zu bestimmen und festzulegen, welche Verhaltensweisen wir nicht tolerieren wollen.

Wir wissen, daß es gut für Kinder ist, wenn Eltern sich in ihre Probleme und emotionalen Ängste einfühlen und Verständnis für schwierige Entscheidungen aufbringen. Aber wenn Eltern inakzeptable Verhaltensweisen durchgehen lassen, fügen sie ihren Kindern schweren moralischen Schaden zu, weil die Selbstsicherheit eines Kindes zu einem großen Teil davon abhängt, ob es sich auf die moralische Festigkeit seiner Eltern verlassen kann. Wir müssen unseren Kindern Richtlinien geben und sie manchmal korrigieren – mit einem Wort, wir müssen sie erziehen.

Vereinfacht gesagt heißt Erziehung in diesem Sinne, daß man einem Kind vermittelt, wie es sich verhalten soll. Sie bedeutet, daß wir Kindern bestimmte Dinge beibringen, erwünschtes Verhalten positiv verstärken und ihr Selbstwertgefühl durch Belohnungen fördern. Wir müssen unseren Kindern deutlich machen, welche Erwartungen wir an ihr soziales und ethisches Verhalten stellen. Erziehung beinhaltet also alles, was wir tun können, damit unsere Kinder lernen, die Menschen zu sein, zu denen sie heranwachsen sollen.

■ Leben Sie Ihren Kindern vor, was Selbstkontrolle bedeutet

Genau wie bei der Vermittlung Ihrer Werte erziehen Sie durch Ihr Vorbild zu richtigem Verhalten. So können Sie Verhaltensmuster vorleben, die Ihr Kind unweigerlich nachahmen wird. Wir möchten, daß aus unseren Kindern glückliche und ethisch handelnde Erwachsene werden, die, solange sie leben, in einem Prozeß des Lernens und der Selbstentfaltung stehen. Daraus folgt, daß wir ein Vorbild für richtiges soziales und ethisches Verhalten sein müssen. Wir müssen solches Verhalten in unseren Kindern positiv verstärken und Regeln und Grenzen auf eine Weise durchsetzen, die das Selbstwertgefühl unserer Kinder bewahrt. Wie Dr. Howard Hendricks es ausgedrückt hat, besteht das Geheimnis, ein Kind zu richtigem Verhalten zu erziehen, darin, sich als Eltern selbst richtig zu verhalten.

Viele Eltern fragen sich, wie sie diese guten Vorsätze einhalten können, wenn sich ihre Kinder negativ verhalten oder auf andere Weise Regeln und Grenzen mißachten. Das schlimmste, was Eltern in einer solchen Situation tun können, ist etwas, von dem mir Eltern leider oft berichten, daß sie es häufig tun: „Ich weiß, daß ich nicht so mit meinem Kind umgehen sollte, aber ich verliere immer wieder die Kontrolle. Ich versuche immer, mich zurückzuhalten und bloß nicht meine Gefühle zu zeigen, bis plötzlich alles aus mir hervorbricht und ich die Beherrschung verliere. Das führt dann zu einer emotionalen Katastrophe. Ich vergesse, welche Auswirkungen das, was ich sage und tue, auf meine Kinder hat. Ich wünschte, es gäbe ein paar einfache Richtlinien, an denen ich mich orientieren kann, damit mich die Erziehung meiner Kinder nicht so furchtbar anstrengt!"

Genau darum geht es in diesem Kapitel: Wie Sie es schaffen können, Ihren Kindern auf ganz natürliche Weise jeden Tag das Verhalten vorzuleben, das Sie sich von ihnen wünschen. Dadurch werden Sie die Erziehung Ihrer Kinder auf eine Weise gestalten können, mit der Sie selbst zufrieden sein können.

■ Seien Sie Ihren Kindern Eltern und keine Freunde

Es scheint sehr häufig der Fall zu sein, daß sich Eltern ihrer Rolle nicht sicher sind. Natürlich wünschen wir uns eine offene, vertrauensvolle Beziehung zu unseren Kindern, aber das heißt nicht, daß wir unsere Autorität aufgeben und unsere Kinder wie Kameraden behandeln sollten, denn warum sollte ein Kind den Ansprüchen eines Kameraden genügen? Es ist nicht Ihre Aufgabe, Ihren Kindern ein Kumpel zu sein, sondern sie anzuleiten und zu unterstützen, für sie zu sorgen und ihnen Orientierung und bedingungslose Liebe zu geben. *Sie sollten nicht zu Freunden Ihrer Kinder werden.* Nicht bevor sie erwachsen sind.

Wenn Sie Ihre Kinder zu richtigem Verhalten und zur Selbstkontrolle erziehen, tragen Sie dazu bei, daß sie später einmal glücklich und erfolgreich sein können. Durch angemessene und liebevolle Verhaltensregeln können Kinder ein starkes Gespür für sich selbst und ihr Wohlbefinden entwickeln. Solche Regeln ermöglichen ihnen ein hohes Maß an sozial angemessenem Verhalten innerhalb der Gesellschaft. Nur durch die innere Fähigkeit zur Selbstkontrolle haben wir die Kraft, uns angemessene Ziele zu setzen und diese konsequent zu verfolgen, bis wir sie erreichen. Nur mit Hilfe dieser Selbstbeherrschung können wir etwas schaffen, das schön und wertvoll ist, sei es nun ein Kunstwerk, eine florierende Firma oder ein Möbelstück. Und das gilt auch für die Erziehung eines Kindes.

Kinder *brauchen* Verhaltensregeln. Eine Studie nach der anderen bestätigt, daß Kinder von Eltern, die „alles im Griff" haben und umfassende, klar definierte und wertorientierte Regeln konsequent durchsetzen, eher ein starkes Selbstbewußtsein und eigene Wertvorstellungen entwickeln. Sie neigen eher dazu, ihren Eltern Respekt und Zuneigung entgegenzubringen. Wenn Eltern diese Verantwortung nicht auf sich nehmen, erhalten Kinder womöglich den Eindruck, daß alles gleichgültig ist. Wenn klar definierte Werte und Richtlinien fehlen, werden Kinder ängstlich und unsicher und ihre Fähigkeit, eine starke innere Kontrolle über ihr Verhalten zu entwickeln, wird eingeschränkt.

Kinder *wollen* Verhaltensregeln. Vor einigen Jahren zeigte eine Meinungsumfrage, daß sich viele Schulabgänger wünschten, ihre Eltern hätten mehr von ihnen verlangt und so gezeigt, daß sie sie lieben. Den Schülern war klar, daß ihre Eltern diese Rolle übernehmen mußten und dafür verantwortlich waren. Sie hatten erkannt, daß sie klare Erwartungen und Richtlinien brauchten, um sich zu tüchtigen, emotional gereiften Erwachsenen zu entwickeln.

Deshalb ist es so wichtig, ein Umfeld zu schaffen, in dem es konsequente und verläßliche Verhaltensregeln gibt. Wenn Sie klare Richtlinien und Erwartungen haben, was moralisches Verhalten betrifft, und außerdem im täglichen Leben zeigen, daß Sie diese Richtlinien für wichtig halten, dann können Ihre Kinder zu kompetenten Menschen heranwachsen.

■ Der Unterschied zwischen Bestrafung und Folgen

Kinder, die in ihrem Verhalten ethischen Grundsätzen folgen, haben in besonderer Weise das Gefühl, daß es ihren Eltern wichtig ist, was sie tun. Kinder sollten damit rechnen, daß ihre Eltern sie zurechtweisen und an die vereinbarten Regeln und Richtlinien erinnern, wenn sie sich in der Öffentlichkeit oder im Familienkreis falsch verhalten.

Wir haben andererseits jedoch schon festgestellt, wie wichtig es ist, daß wir den richtigen und guten Verhaltensweisen unserer Kinder mindestens ebensoviel Aufmerksamkeit schenken wie negativem Verhalten. Wenn wir sie nur beachten, wenn sie sich „schlecht benehmen", lernen Kinder, daß sie genau dieses Verhalten zeigen müssen, um unsere Aufmerksamkeit auf sich zu ziehen. Es mag für ein Kind unangenehm sein, von seinen Eltern angeschrien zu werden, aber dies ist um vieles wünschenswerter, als überhaupt nicht beachtet zu werden.

Sie können Ihren Kindern gar nicht zuviel Anerkennung schenken. Sie brauchen Ihre Zustimmung so sehr, wie sie die Luft zum Atmen oder Nahrung brauchen. Ihre Kinder jeden Tag für richtiges Verhalten zu loben, gehört zu den wichtigsten Elementen der Erziehung. Deshalb glaube ich, daß es besser ist, bei der Erziehung zu richtigem Verhalten auf Folgen und nicht auf Bestrafung zu bauen.

Bestrafung ist immer negativ

Dr. Don Dinkmeyer beschrieb in einem Aufsatz über natürliche und logische Folgen als Grundlagen einer Erziehung zur Verantwortlichkeit, welche Vorteile Folgen im Gegensatz zu Bestrafung bei der Erziehung zu richtigem Verhalten haben:

> „Ein Kind lernt durch die Folgen, die sein Verhalten hat, wenn seine Eltern ihm erlauben, die Konsequenzen seines Handelns zu erfahren. Genau wie Erwachsene, die schon einmal erlebt haben, wie unangenehm es ist, plötzlich kein Benzin mehr im Tank zu haben, in Zukunft darauf achten werden, ihren Tank aufzufüllen, bevor der Zeiger auf Null steht, wird ein Kind, das schon einmal hungrig war, weil es sein Pausenbrot vergessen hatte, daran denken, es aus dem Kühlschrank zu nehmen, bevor es zur Schule geht."

Carin, ein achtjähriges Mädchen, erklärte den Unterschied so: „Eine Bestrafung ist etwas, das deine Eltern dir antun. Eine Folge ist etwas, das du dir selber antust." Die Tabelle über **„Die Unterschiede zwischen Bestrafung und Folgen"** auf Seite 122 erklärt Ihnen dies näher.

121

Eine positive Bestrafung gibt es nicht, aber es kann positive Folgen geben. Wenn Ihre Erziehung auf den Folgen für bestimmte Verhaltensweisen basieren soll, sollten Sie Verhaltensregeln für Ihre Kinder aufstellen, die Ihren Werten entsprechen. Sie sollten bestimmte negative Folgen für das Mißachten der Regeln festlegen und sie durchsetzen. Und Sie sollten bestimmte positive Folgen für richtiges Verhalten festlegen.

Die Unterschiede zwischen Bestrafung und Folgen

- Bestrafung festigt Macht und Autorität.
- Bestrafung ist persönlich und beinhaltet ein negatives moralisches Urteil, das zutreffen kann oder nicht.

- Bestrafung bezieht sich meist auf Verhaltensweisen in der Vergangenheit.
- Bestrafung bedeutet Mißbilligung oder sogar Mißachtung.

- Bestrafung kann willkürlich sein.

- Bestrafung ist autoritär und verlangt Gehorsam.

- Folgen festigen eine natürliche Ordnung.
- Folgen unterscheiden zwischen der Handlung und dem Handelnden und sind nicht auf eine bestimmte Person gerichtet.

- Folgen beziehen sich auf gegenwärtiges und zukünftiges Verhalten.

- Folgen kann es auch in einem unterstützenden oder freundschaftlichen Umfeld geben.
- Folgen sind vorausseh-bar und normalerweise unvermeidlich.
- Folgen enthalten das wichtige Element freier Entscheidung.

Folgen ermöglichen Kindern eine freie Wahl

Bei dieser Methode ist die freie Wahl von zentraler Bedeutung. Sie erkennt den freien Willen des Kindes an, das seine eigenen Auffassungen und Urteile bilden darf. Durch diese Methode erhält ein Kind das Gefühl, daß es letztendlich über seine Umwelt bestimmen kann. Wenn unsere Kinder nicht in der Lage sind, selbständige und überlegte Entscheidungen zu treffen, die bestimmte Konsequenzen nach sich ziehen, werden sie auch nicht das Gefühl haben, über diese Einflußmöglichkeiten zu verfügen. Man hat ihnen dann die Möglichkeit genommen, eigene Entscheidungen zu treffen, die ihr Selbstwertgefühl stärken und die sie spüren lassen, daß sie tüchtig und kompetent sind.

Bestrafung steht dem Ziel einer Erziehung zu richtigem Verhalten oft im Weg, weil sie Eltern und Kinder von dem ablenkt, worum es eigentlich geht, nämlich davon, daß wir lernen müssen, mit den Konsequenzen unseres Verhaltens zu leben. Als ich die achtjährige Carin fragte, warum sie glaubte, daß es besser sei, wenn ihre Eltern sie die Folgen ihres Handelns erfahren ließen, anstatt sie dafür zu bestrafen, nannte sie nicht etwa das, was auf der Hand lag, nämlich daß kein Kind gerne bestraft wird. Statt dessen sprach sie die weise Einsicht aus, daß sie ihre eigene Verantwortung erkennen könne, wenn ihre Eltern es den Folgen ihres Verhaltens überließen, ihr zu zeigen, ob sie richtig oder falsch gehandelt hatte. Ohne daß ich ihr dazu irgendein Stichwort gegeben hätte, sagte sie, daß es weitaus besser sei, wenn Eltern ihre Kinder sehen ließen, was passiere, wenn sie falsch handelten, ohne gleich mit einer Bestrafung dazwischenzufahren, die die ganze Sache durcheinanderbringe.

123

Wenn Sie ein Kind die Folgen seines Tuns erfahren lassen, statt es gleich zu bestrafen, zeigen Sie ihm auch, daß Sie Achtung vor ihm haben. Sie teilen ihm mit, daß Sie darauf vertrauen, daß es durch seine Erfahrungen mit Entscheidungen, Handlungen und Fehlern lernen und reifen wird. Wenn Sie Ihren Kindern die Möglichkeit geben, Fehler zu machen und mit deren Folgen zu leben, zeigen Sie ihnen nicht nur, daß ihr Verhalten Folgen hat, sondern auch, daß ihre Welt nicht gleich zusammenbrechen wird, wenn sie unzulängliche oder unglückliche Entscheidungen treffen.

■ Wie Sie durch Folgen zu richtigem Verhalten erziehen können

Die Entscheidungen, die wir bei der Erziehung unserer Kinder treffen, hängen häufig von ganz konkreten Umständen ab. Daher sollte es eine Erleichterung sein zu wissen, daß es hier ein Gebiet gibt, bei dem wir tatsächlich vorausplanen und uns vorbereiten können. Der Kasten **„Durch Folgen zu richtigem Verhalten erziehen"** enthält Hinweise, wie Sie ein einfaches System positiver und negativer Folgen erstellen können, das auf einem Ihrer Grundwerte beruht – zum Beispiel auf Verantwortungsbewußtsein.

Durch Folgen zu richtigem Verhalten erziehen

1. Überlegen Sie sich, welche verantwortungsbewußten Verhaltensweisen Sie fördern möchten. Zum Beispiel: Tisch abräumen, Müll wegbringen, vor der Schule die Katze füttern oder vor acht Uhr abends

mit den Hausaufgaben fertig sein. (Es empfiehlt sich, die Anzahl der Verhaltensweisen, die Sie zu einem bestimmten Zeitpunkt fördern möchten, zu begrenzen und an das Alter Ihres Kindes anzupassen.)

2. Bestimmen Sie positive Folgen für die richtige Durchführung dieser Aufgaben. Zum Beispiel: eine halbe Stunde Fernsehen extra an diesem Tag.
3. Bestimmen Sie negative Folgen für den Fall, daß den erwarteten Verhaltensweisen nicht entsprochen wird, zum Beispiel: drei Tage lang keine Computerspiele.

Das gleiche Prinzip können Sie bei Ihren anderen Grundwerten anwenden. Um zum Beispiel Durchhaltevermögen zu fördern, können Sie positive Folgen für das Mähen des gesamten Rasens einführen, für das Erledigen besonders schwieriger Hausaufgaben oder für das Schreiben von Dankesbriefen für Geburtstagsgeschenke. Sie können negative Folgen für fehlendes Durchhaltevermögen bestimmen, solange es für Ihr Kind realistisch ist, die festgesetzten Aufgaben zu bewältigen.

Machen sie eine Liste mit positiven Verhaltensweisen, die Sie belohnen möchten, und negativen Verhaltensweisen, von denen Sie Ihre Kinder abhalten möchten. So wissen Sie immer, zu welchem Verhalten Sie erziehen möchten. An diesem Merkblatt können Sie sich täglich orientieren und so in Ihrer Erziehung auf dem richtigen Weg bleiben. Sie können sich dann nach vorgefaßten, bewußten Entschlüssen richten, wie Sie Ihre Kinder an ethisch geleitetes Verhalten heranführen möchten. Machen Sie Ihre Erwartungen deutlich, indem Sie mit Ihren Kindern über die Verhaltensweisen sprechen, die Sie von ihnen erwarten, und über deren Folgen und indem Sie Ihr Merkblatt an einer gut sichtbaren Stelle aufhängen.

Welche positiven Folgen sind angemessen?

Welches sind die wirkungsvollsten positiven Folgen, die Sie Ihre Kinder erfahren lassen können? Dies ist eine Frage, über die immer wieder diskutiert und gestritten wird, und die Experten sind sich nur in wenigen Punkten einig. Manche glauben, daß wir ein Kind für positives Verhalten nie wirklich belohnen sollten (etwa durch Geld oder Spielzeug); sondern daß es besser ist, dieses Verhalten nur durch Lob zu bestärken. Andere sind der Auffassung, daß eine Belohnung, die positives Verhalten effektiv fördern soll, aus etwas bestehen muß, das das Kind auch wirklich will – sei es ein Aufkleber mit einem lachenden Gesicht oder 50 Pfennig, ein kleines Spielzeug, etwas Süßes oder eine Umarmung. Wieder andere sagen, daß es sinnvoll ist, die Konsequenzen an das jeweilige Verhalten anzupassen (wenn du den Tisch abräumst, darfst du ihn für das nächste Essen dekorieren; wenn du alle deine Dankesbriefe geschrieben hast, bekommst du schönes Briefpapier). Meine eigene Überzeugung diesbezüglich gilt auch für andere Bereiche der Kindererziehung. Man könnte sie *Reubens Regel* nennen. Sie lautet: „Was immer funktioniert, funktioniert."

Ich glaube, es macht keinen großen Unterschied, wie die jeweilige Belohnung aussieht. Was bei dem einen Kind oder für das eine Elternpaar besonders wirkungsvoll sein mag, funktioniert bei anderen möglicherweise überhaupt nicht. Das Prinzip bleibt jedoch jedesmal das gleiche: Je mehr Arten Ihnen einfallen, erwünschtes Verhalten zu belohnen, desto wahrscheinlicher ist es, daß

Ihr Kind dieses Verhalten verinnerlichen wird. Probieren Sie aus, was immer für Sie funktioniert und Ihrem Kind nicht schadet.

Tatsache ist nämlich, daß Kinder das Verhalten ihrer Eltern oft als Reaktion auf ihr eigenes Verhalten betrachten. Ob Sie es beabsichtigen oder nicht: Durch Ihre Reaktionen auf positives Verhalten bestärken Sie Ihr Kind in diesem Verhalten, sei es durch ein Lächeln, durch Ihre Aufmerksamkeit oder durch das, was Sie sagen und wie Sie es sagen. Da Sie Ihr Kind also in jedem Fall belohnen, ist es besser, diese Belohnung bewußt zu planen, als sie dem Zufall zu überlassen. Finden Sie heraus, wie Sie das Verhalten Ihres Kindes positiv verstärken können, und erstellen Sie ein System, das es ihm ermöglicht, diese Verstärkung durch sein Verhalten zu erlangen.

Folgen für negatives Verhalten bereithalten

Auch wenn wir das positive Verhalten unserer Kinder noch so effektiv verstärken – es wird immer wieder Zeiten geben, in denen unsere Kinder nicht das tun, was wir wollen. Wir sollten mit einem Repertoire von negativen Folgen auf diese Zeiten vorbereitet sein, in denen sie sich unseren Wünschen offen entgegenstellen oder sich auf eine der vielen Arten daneben benehmen, auf die lebendige und einfallsreiche Kinder kommen können. Nach dem Nachbarskind mit einem Buch zu werfen, mit einem dicken Filzstift auf den Eßtisch zu malen oder Wasser ins Waschbecken laufen zu lassen, bis es das Badezimmer überflutet sind nur einige Beispiele für die unzähligen Möglichkeiten.

Formulieren Sie schriftlich, welche Verhaltensweisen Sie nicht akzeptieren wollen. Verschwenden Sie dabei nicht Ihre Zeit, indem Sie versuchen, eine vollständige

Liste zu erstellen; Kindern werden immer wieder neue, noch bessere Arten einfallen, Sie verrückt zu machen. Sie können sogar Ihre Kinder bitten, Ihnen bei der Erstellung der Liste behilflich zu sein. Kinder sind oft sehr gut darin, die Dinge aufzuzählen, die sie nicht tun sollten (und sie sind oft viel härter mit sich selbst, als Sie es wären).

Ordnen Sie nun jedem nicht akzeptablen Verhalten eine negative Folge zu – das Streichen von Süßigkeiten oder anderen Zugeständnissen beim Essen, die Einschränkung der Fernsehzeit oder anderer Lieblingsbeschäftigungen sind zwei mögliche Beispiele. Die Einzelheiten sind sicherlich von Familie zu Familie und von Kind zu Kind verschieden. Der Trick besteht darin, herauszufinden, was das Kind als negativ empfindet. Auf ihr Zimmer geschickt zu werden, könnte zum Beispiel eine negative Folge für manche Kinder sein, für andere jedoch eine positive Belohnung. Und nochmals: Falls es Ihnen sinnvoll erscheint, die Folgen an das jeweilige Verhalten Ihres Kindes anzupassen (wenn du dem Hund weh tust, darfst du einen Tag lang nicht mit ihm spielen), dann tun Sie es!

Seien Sie konsequent

Für Eltern, denen eine Erziehung zu richtigem Verhalten am Herzen liegt, besteht eine der größten Herausforderungen darin, daß sie in ihren Reaktionen auf das Verhalten ihrer Kinder konsequent sein müssen. Es ist lebenswichtig, daß Eltern konsequent sind, denn dadurch werden Kinder innerlich stabil. Kaum etwas macht Kinder unsicherer, als nicht zu wissen, wie ihre Eltern auf das, was sie tun, reagieren werden. Wenn Sie ein Kind einmal wegen einer frechen Antwort zurechtweisen und ein anderes Mal dasselbe Verhalten ignorieren, erhält das Kind keine klare Botschaft, ob dieses Verhalten nun akzeptabel ist oder nicht.

Dies ist einer der Grundsätze für eine an Folgen orientierte Erziehung. Wenn Sie in Ihren positiven oder negativen Reaktionen auf das Verhalten Ihrer Kinder konsequent sind, lernen diese auf eine direkte, konkrete Weise, daß es in ihrer Welt Dinge gibt, auf die sie sich verlassen können. Weil durch solche konsequenten Reaktionen Stabilität und Sicherheit vermittelt werden, ermöglichen sie Ihren Kindern die emotionale Ausgeglichenheit, die sie brauchen, um späteren Erfahrungen neugierig, offen und lernwillig entgegengehen zu können.

Ralph Waldo Emerson hatte jedoch recht, als er sagte, „Eine törichte Unbeirrbarkeit ist die Grille kleinlicher Gemüter." Sich konsequent zu verhalten sollte nicht bedeuten, daß man sich nicht um die Angemessenheit einer bestimmten Reaktion in einer bestimmten Situation bemüht. Mildernde Umstände können manchmal eine abweichende Reaktion erfordern. Alles, was Sie tun, muß vernünftig und durchdacht sein. Solange Sie sich bewußte Richtlinien setzen, welche Erwartungen Sie an das Verhalten Ihrer Kinder haben und welche Botschaften Sie ihnen vermitteln möchten, brauchen Sie sich keine Sorgen zu machen, wenn Sie ab und zu von Ihrer Linie abweichen.

Eltern müssen darüber hinaus auch im Team übereinstimmend handeln. Alle Widersprüche zwischen Partnern, die ihre Erwartungen und die Folgen für bestimmte Verhaltensweisen der Kinder betreffen, müssen durch Verhandlungen ausgeräumt werden, wie ich sie im ersten Kapitel über das Setzen von ethischen Erziehungszielen beschrieben habe. Das gilt auch, wenn die Eltern geschieden und wieder verheiratet sind und das Kind in beiden Haushalten lebt. Nur wenn sich Kinder sicher sind, was sie von ihrer Außenwelt zu erwarten haben, können sie einen „inneren Verhaltensmaßstab" entwickeln, den sie brauchen, um zu ethisch integren Menschen heranzuwachsen.

■ Kindererziehung ist eine Kunst und keine Naturwissenschaft

Bevor wir das Thema „Erziehung zu richtigem Verhalten" abschließen, möchte ich Sie noch auf einen wichtigen Punkt hinweisen: Sie können nie im voraus wissen, wie die Dinge sich entwickeln. Sie können nie sicher sein, ob sich das, was Ihre Kinder durch die Folgen einer bestimmten Verhaltensweise lernen, mit Ihren Erwartungen deckt.

Sicherlich spielen bei der Kindererziehung Fähigkeiten eine Rolle, die erlernt, geübt und gefördert werden können. Der Prozeß, durch den Sie Ihre Kinder zu Verantwortlichkeit, emotionaler Stabilität und ethisch geleitetem Handeln hinführen, kann vertieft und verfeinert werden. Aber man muß immer mit Überraschungen rechnen – mit dem Element des Ungewissen, das vielleicht plötzlich auftaucht, wenn Sie gerade nicht aufpassen, und das sowohl Erfreuliches als auch Enttäuschungen mit sich bringen kann. Es erinnert Sie immer wieder daran, daß Kinder komplexe und sehr schlecht berechenbare Wesen sind. Kinder können tatsächlich manchmal Ihre besten Absichten zu Katastrophen in der Erziehung werden lassen, aber es ist genausogut möglich, daß durch sie Katastrophen zu ungeahnten Erfolgen werden.

Erziehung zu richtigem Verhalten muß als ein Prozeß verstanden werden, bei dem sowohl Eltern als auch Kinder lernen können. Regeln und Folgen, konsequentes Verhalten und Ausnahmen sind Dinge, die sich verändern, während Ihre Kinder von Jahr zu Jahr größer werden – manchmal auch von Tag zu Tag! Es gibt keine Zauberformeln, die jede Frage beantworten, für alle Themenbereiche gelten oder auf jede mögliche Situation zutreffen. Wenn Sie lernen, sich zu entspannen und flexibel zu sein und sich nicht zu sehr damit belasten, daß Sie bei der Erziehung Ihrer Kinder keine Fehler machen wollen, wird es Ihnen leichter fallen, die richtigen Entscheidungen zu treffen. Je mehr Sie sich auf den lebenslangen Prozeß des Ausprobierens einlassen, desto erfolgreicher werden Sie sein.

Dies ist eine Herangehensweise, die ich Ihnen wärmstens empfehle. Nicht alle Vorschläge in diesem Buch passen auf die besonderen Bedürfnisse aller Eltern oder aller Kinder. Es gibt kein Erziehungs-Kochbuch, in dem erklärt wird, wie man charakterstarke Kinder großzieht, und das ein Patentrezept für alle Fragen bietet. Dazu ist es viel zu wichtig, daß man Dinge ausprobiert und Fehler macht.

Behalten Sie dies im Kopf, wenn Sie sich die Vorschläge auf den Seiten 133–136 ansehen, **„wie Sie die Fähigkeiten ausbauen können, die Sie zur Kindererziehung brauchen"**. Dort finden Sie einige Hinweise, wie Sie Ihren Zielen näherkommen können.

■ Tun Sie Ihr Bestes

Bei der Erziehung zu ethisch geleitetem Verhalten ist es wichtig, daß Sie Ihre Vorstellungen durchsetzen und dadurch für Ihre Kinder ein Umfeld schaffen, in dem sie verstehen lernen, welche Verhaltensweisen sich selbst und anderen gegenüber von ihnen erwartet werden. In einem solchen Umfeld erziehen Sie Ihre Kinder auf eine konsequente und vernünftige Weise dazu, diese Erwartungen zu erfüllen. Die Ziele dieses Prozesses sind:

- ■ in Ihren Kindern das Gefühl zu entwickeln, daß sie sich unter Kontrolle haben,
- ■ sie dazu zu befähigen, die schwierigen und manchmal schmerzlichen Entscheidungen zu treffen, mit denen alle Menschen im täglichen Leben zu tun haben,
- ■ und ihnen die Gewißheit zu vermitteln, daß sie mit den Folgen ihrer Handlungen leben können, so unangenehm sie auch sein mögen.

Mehr als Ihr Bestes tun können Sie nicht. Die Prinzipien, die für die Erziehung zu richtigem und ethisch begründetem Verhalten gelten, sind leicht zu verstehen, aber selbst den besten Eltern kann es schwerfallen, sie täglich konsequent anzuwenden. Freuen Sie sich über Ihre Erfolge, und seien Sie nicht zu hart mit sich selbst, wenn Sie Niederlagen erleiden. Gehen Sie gut mit sich selbst um. Vertrauen Sie darauf, daß Ihre Erziehung erfolgreich sein wird, wenn Sie Ihr Bestes tun, um in Ihrer Familie eine warme, unterstützende und gleichzeitig bestimmte und konsequente Atmosphäre zu schaffen, in der ethisch begründetes Handeln wichtig ist.

Strategien für Eltern
Führen Sie ein Tagebuch Ihrer Erfolge

Sie möchten Ihren Kindern jeden Tag ein Vorbild sein. Natürlich ist das im Familienalltag nie so glatt und problemlos möglich. Jede Familie, jedes Kind und jeder Elternteil kennt gute und schlechte Tage, Augenblicke, in denen scheinbar alles wie am Schnürchen läuft und Augenblicke, in denen man sich emotional überfordert fühlt.

Eine Strategie, die manchen Eltern hilft, über schlechte Zeiten hinwegzukommen, besteht darin, ein „Tagebuch der Erfolge" zu führen, in dem sie diejenigen Erziehungserfahrungen festhalten, die sie als Erfolge empfunden haben. Sie können dazu ein Ringbuch verwenden, einen Block, ein Notizbuch oder einen Computer – was immer für Sie bequem ist. Es ist unwichtig, wie lang Ihre Einträge sind. Schreiben Sie jedes Ereignis auf, bei dem Sie mit Ihrer Erziehung zufrieden waren, bei dem ein guter Austausch mit Ihren Kindern stattfand oder bei dem Sie das Gefühl hatten, daß Ihre Kinder etwas über ethisch geleitetes Verhalten gelernt haben. Achten Sie auch auf die schönen, einfachen Dinge, wie z. B. einen Morgen, an dem alles glatt lief, oder einen Abend, an dem das Zubettbringen für Sie und Ihr Kind eine warme, schöne und liebevolle Erfahrung war.

Wenn dann eine negative Erfahrung Ihr elterliches Selbstbewußtsein ins Wanken bringt, können Sie dieses Tagebuch Ihrer Erfolge zur Hand nehmen und sich an Dinge erinnern, die Ihnen gelungen sind. Blättern Sie das Tagebuch durch, sammeln Sie Ihre Gedanken, und erinnern Sie sich daran, wie Sie als Eltern sein möchten und welches Bild Ihre Kinder von Ihnen haben sollen. Tanken Sie neue Kraft, und unternehmen Sie dann die nötigen Schritte, um für Ihre Kinder diese Art Eltern zu sein.

Es ist nicht leicht, ruhig zu bleiben, wenn Ihre Kinder nicht das Verhalten zeigen, zu dem Sie sie erziehen wollen. Manchmal scheinen sie Sie mit Absicht herauszufordern. Das ist dann eine gute Gelegenheit, Ihr Tagebuch aufzuschlagen und sich an frühere Erfolge zu erinnern. Sie können sich dann vergewissern, daß Sie sehr wohl die Fähigkeiten haben, die Sie zur Kindererziehung brauchen und daß Sie in Zukunft genauso erfolgreich damit sein werden, wie Sie es in der Vergangenheit waren.

Strategien für Eltern
Holen Sie sich Rat
bei Ihrem persönlichen Experten

Für diese Strategie benötigen Sie ein gewisses Maß an kreativer Phantasie. Stellen Sie sich vor, Ihnen stünde ein unsichtbarer Experte für Kindererziehung 24 Stunden am Tag und 365 Tage im Jahr auf Abruf zur Verfügung. Dieser Experte erschiene immer, wenn Sie ihn bräuchten, um eine Erziehungskrise zu bewältigen. Er würde Sie beraten, Sie auf die negativen Folgen dessen hinweisen, was Sie gerade tun, oder Sie an Fähigkeiten erinnern, die Sie besitzen, aber in Ihrem momentanen Zustand womöglich aus den Augen verloren haben.

Rufen Sie diesen objektiven Experten zu Hilfe, wann immer Sie das Gefühl haben, nicht mehr klar zu sehen oder die Kontrolle zu verlieren. Sie können dieser Person einen Namen geben, wenn Sie sich diese Person dann leichter und konkreter vorstellen können. Manchen Menschen hilft es, sich einen wirklich existierenden Experten oder eine Expertin für Kindererziehung vorzustellen. Atmen Sie langsam und tief durch, und stellen Sie sich vor, welche Ratschläge Ihnen Ihr Experte geben würde. Lassen Sie sich von Ihrem wunderbaren Berater dabei helfen, den klaren Blick wiederzuerlangen, der durch Ihren momentanen emotionalen Zustand verstellt ist, und den Umgang mit Ihrem Kind aus einer objektiveren, unpersönlicheren Perspektive zu betrachten.

In den meisten Fällen werden Sie eigentlich schon wissen, wie Sie die Situation auf angemessene Weise in den Griff bekommen können; Sie haben nur zugelassen, daß Ihre Gefühle Ihr Urteilsvermögen beeinträchtigen. Deshalb funktioniert dieses Herbeirufen eines objektiven Experten Ihrer Wahl so gut. Ihr eigenes inneres Gespür und Urteilsvermögen kann wieder hinter der Mauer aus Wut und Frustration hervortreten.

Es gibt eine weitere, besonders effektive Strategie, mit der Sie sich vergegenwärtigen können, daß Sie eigentlich schon die Fähigkeiten besitzen, die Sie brauchen. Stellen Sie sich vor, jemand anderes würde *Sie* um Rat fragen, wie er mit seinen Kindern umgehen soll. Was würden Sie ihm sagen? Meiner Erfahrung nach werden Sie sich in fast allen Fällen auch selbst die beste Antwort geben.

Wie Sie durch Folgen zu richtigem Verhalten erziehen können

- Machen Sie sich bewußt, daß Erziehung zu richtigem Verhalten nicht mit Bestrafung gleichzusetzen ist, sondern bedeutet, daß Sie in Ihrer Familie eine Atmosphäre schaffen, in der moralisch geleitetes Verhalten eine wichtige Rolle spielt.

- Zeigen Sie Ihren Kindern durch Ihr Vorbild, was es heißt, ein Mensch zu sein, der sein Verhalten unter Kontrolle hat.

- Setzen Sie Regeln und Grenzen konsequent durch, um Ihre Kinder zu Ihrer Vorstellung von richtigem Verhalten zu erziehen.

- Stärken Sie das Selbstbewußtsein Ihrer Kinder, indem Sie ihnen die Möglichkeit geben, selbst zu entscheiden, wie sie sich verhalten wollen.

- Sorgen Sie dafür, daß das Verhalten, für das Ihre Kinder sich entscheiden, positive oder negative Folgen mit sich bringt.

- Bestimmen Sie Folgen für positive und negative Verhaltensweisen abhängig davon, was Ihre Kinder Ihrer Meinung nach motiviert.

- Seien Sie konsequent in Ihren Reaktionen auf das Verhalten Ihrer Kinder, aber verbinden Sie diese Konsequenz mit Vernunft und Besonnenheit.

- Erwarten Sie keine Perfektion; lassen Sie sich nicht entmutigen, wenn Sie gelegentlich Rückschläge erleiden oder die Kontrolle verlieren.

Regel Nr. 7:
Nutzen Sie Situationen, in denen Kinder etwas über ethisches Verhalten lernen können

Wir können nie wissen, in welchem der vielen Augenblicke, die wir mit unseren Kindern verbringen, sie besonders offen für neue Erfahrungen und Erkenntnisse sind, was ethisch geleitetes Verhalten betrifft. Deshalb sollten wir immer so handeln, daß wir stolz sein könnten, wenn unsere Kinder unser Verhalten nachahmen würden.

Manchmal erkennen wir diese Augenblicke selbst dann nicht, wenn sie gerade stattfinden. Denken Sie nochmals an die wichtigen Dinge, die Sie durch das Vorbild Ihrer Eltern über Moral gelernt haben. Es ist sehr gut möglich, daß Ihre Eltern Ihnen diese Dinge nicht bewußt beigebracht haben, sondern daß Sie in zufälligen Momenten zu diesen Einsichten kamen, und daß Ihre Eltern sich nicht einmal mehr an diese Momente erinnern!

So sehr wir uns dies auch wünschen mögen – die intensiven Augenblicke, in denen wir über Moral sprechen wollen, lassen sich nicht einfach fahrplanmäßig festlegen. Wir können nicht einfach für Sonntag, drei Uhr, in unseren Kalender eintragen: „Susan beibringen, wie man ein ethisch handelnder Mensch wird." Das, was Kinder wirklich von uns lernen, erfahren sie auf viele verschiedene und nicht vorhersehbare Weisen, indem sie Zeit mit uns verbringen, mit uns zusammenleben und kommunizieren.

Für die Erziehung zu ethisch geleitetem Verhalten ist es daher wichtig, daß man die Situationen erkennen lernt, in denen Kinder Sensibilität für ethische Herausforderungen entwickeln können. Wenn Kinder diese Fähigkeit besitzen, sind sie allen Menschen einen Schritt voraus, die durch ihr Leben gehen, ohne sich der moralischen Entscheidungsmöglichkeiten und Dilemmata bewußt zu sein, die ihren täglichen Handlungen zugrundeliegen.

Zu den Frustrationen, die die Kindererziehung mit sich bringt, gehört natürlich, daß wir und unsere Kinder aus einer gegebenen Situation letztlich völlig verschiedene Schlüsse ziehen können. Oftmals haben wir keinen Einfluß darauf, was unsere Kinder tatsächlich lernen. Eine Begegnung mit einer obdachlosen Frau auf der Straße zum Beispiel könnte für Sie etwas sein, das Nächstenliebe als Wert vermittelt, während es für Ihr Kind hier vor allem um persönliche Verantwortung und Entscheidung geht. Alles, was wir tun können, ist, die täglichen Gelegenheiten zu nutzen, um unseren Kindern wertvolle und sinnvolle Einsichten mit auf den Weg zu geben.

■ Wie Kinder aus alltäglichen Situationen ethisch geleitetes Verhalten lernen

Jede Situation kann Augenblicke enthalten, in denen Ihr Kind etwas über ethisch begründetes Verhalten lernt. Ein Konflikt in der Familie, eine Episode, die sich in der Schule zugetragen hat, eine Zeitungsnotiz oder die zufällige Beobachtung eines Vorfalls auf der Straße können zum Anlaß für eine kleine Lektion in Ethik werden.

Zwei meiner Lieblingsbeispiele stammen aus dem Fernsehen, diesem beliebten Schauplatz ethischer Probleme. 1992 sah ich mir viele Presseberichte über die Unruhen in Los Angeles an, und die eine Szene, die für mich am eindrücklichsten war und die mich sogar zum ersten Mal auf die Idee brachte, dieses Buch zu schreiben, zeigte Mütter, die mit ihren Kindern an der Hand umherliefen und Geschäfte plünderten. Als ich diese Szene sah, war mein erster Gedanke: *Was lernten diese Kinder da?* Die Situation muß für sie ein wichtiger Moment von großer emotionaler Intensität gewesen sein. Sie waren also in einer Verfassung, in der sie besonders empfänglich und offen für tiefe Eindrücke waren. Als ich jedoch weiter darüber nachdachte, fragte ich mich, was mein eigenes Kind wohl gelernt hätte, wenn es mit mir zusammen ferngesehen hätte. Wie hätte es auf die moralische Herausforderung dieser Szene reagiert?

Das zweite Beispiel stammt aus der Zeit nach dem Erdbeben in Südkalifornien im Januar 1994. Ein Nachrichtenteam befand sich auf dem Parkplatz eines Supermarktes in einem Gebiet, das besonders hart durch das Beben betroffen war. Die Menschen machten Panikkäufe und legten riesige Vorräte an für den Fall, daß sie für lange Zeit von der Außenwelt abgeschnitten sein sollten. Der Strom war ausgefallen, und Mitglieder des Personals waren mit Taschenlampen auf dem Parkplatz, um Menschen durch den Supermarkt und wieder hinauszuführen, damit sie ihre Einkäufe erledigen konnten. Während die Kamera diese Szene aufnahm, rollte ein Mitarbeiter des Ladens eines dieser großen fahrbaren Gestelle heran, das mit vielen Lagen Fleisch beladen war. Was dann passierte, sah aus wie ein Zeichentrickfilm. Die Menschenschlange löste sich auf, und alle machten sich lärmend über den Wagen her. Innerhalb von Sekunden war er leergefegt.

Dann kam der entscheidende Moment: Die Hälfte der Leute riß das Fleisch an sich und rannte los. Sie rannten förmlich davon. Die andere Hälfte nahm von dem Fleisch und stellte sich zurück in die Schlange, um darauf zu warten, in den Laden geführt zu werden, damit sie dafür und für alles andere, was sie sonst noch kaufen wollten, bezahlen konnten.

Regen Sie Gespräche über moralische Fragen an

Wenn Sie mit Ihren Kindern Szenen wie diese im Fernsehen sehen oder in der Wirklichkeit erleben, ist es Ihre Aufgabe, die ethischen Probleme zu formulieren, die Ihrer Meinung nach in diesen Szenen enthalten sind. Es können sich Fragen an Ihr Kind aus ihnen ergeben oder ein Gespräch unter Erwachsenen: „Was tut diese Frau? Warum stiehlt sie diese Sachen aus dem Laden? Was, glaubst du, lernt ihr Kind daraus? Wie würde es dir gehen, wenn du dieses Kind wärst? Wie würde es sein, eine Straße entlangzugehen, wo jeder das tut? Wie, glaubst du, würde sich der Besitzer des Ladens fühlen, wenn er das im Fernsehen sieht? Wie, glaubst du, würden sich die Kinder des Besitzers fühlen, wenn sie ohne Essen, Kleider oder Spielzeug auskommen müßten, weil der Laden ihrer Eltern geplündert worden ist? Was, glaubst du, würden sie und das Kind dieser Frau sich sagen, wenn sie sich begegnen würden?"

Und entsprechend: „Was ist da auf diesem Parkplatz gerade passiert? Was würdest du tun, wenn du dort wärst? Würdest du das Fleisch nehmen und losrennen? Was, glaubst du, ist in dieser Situation das richtige? Was, glaubst du, haben die Leute in der Schlange von denen gehalten, die losgerannt sind? Was, glaubst du, würden die Leute, die gerannt sind, zu ihnen sagen? Was, glaubst du, denkt der Mitarbeiter des Ladens über das, was da gerade passiert?"

Es ist wichtig, bei solchen Gesprächen mögliche alternative Reaktionen auf die ethische Zwangslage der Menschen vorzuschlagen und diese mit Ihren Kindern zu besprechen. Auf diese Weise können Sie Ihren Kindern konsequent vermitteln, daß es immer verschiedene Möglichkeiten gibt, wie wir uns verhalten. Inwiefern unser Leben moralisch ist und wieviel moralisches Bewußtsein es in der Welt insgesamt gibt, hängt davon ab, für welches Verhalten wir uns entscheiden.

Wichtig ist auch, daß Sie Ihren Kindern sagen, wie Sie in der jeweiligen Situation reagieren würden. Denken Sie immer daran, daß Sie diese Gespräche auch deshalb führen, weil Sie für Ihre Kinder die wichtigste Autorität sind und weil Ihre Auffassung darüber, was richtig und was falsch ist, für Ihre Kinder bestimmend ist. Was Sie sagen, hat mehr Bedeutung für sie als die Meinung aller anderen. Wie Sie auf eine bestimmte Szene reagieren, was Sie für richtig halten, hat mehr Einfluß auf den sich entwickelnden Charakter Ihrer Kinder als alles andere in ihrem Leben.

Es gibt unzählige Momente wie die geschilderten, die Sie nutzen können, um mit Ihrem Kind über wertorientiertes Handeln zu sprechen. Weisen Sie es darauf hin, wie es sich fühlt, wenn ihm jemand etwas Gutes tut. Erinnern Sie es daran, wie das ist, wenn jemand die Mühe auf sich nimmt, ihm bei der Lösung eines Problems zu helfen oder dazu beizutragen, daß es sich in einer unangenehmen Situation wohler fühlt. Weisen Sie es auf ethisch geleitete Handlungen anderer hin, zum Beispiel, wenn ein Freund Ihnen beisteht, wenn Sie einen Menschen verloren haben oder unter großem Druck stehen, oder wenn Ihnen ein Fremder einen Gegenstand nachträgt, den Sie auf der Straße oder in einem Geschäft verloren haben. Beispiele ethisch begründeten Handelns wie diese begegnen jedem Menschen jeden Tag. Deshalb ist es so wichtig, Ihre Kinder auf sie aufmerksam zu machen und ihnen auf diese Weise zu zeigen, was es heißt, ein ethisch handelnder Mensch zu sein.

■ Fünf Wege, wie Sie Ihren Kindern ein Bewußtsein für ethisch geleitetes Handeln vermitteln können

Man kann aus allem etwas lernen. Die Situationen, in denen Kinder wichtige Dinge über ethisch begründetes Verhalten lernen, mögen nicht immer in der Form der oben beschriebenen Herausforderungen auftreten, aber lernen werden Ihre Kinder trotzdem aus ihnen. Die Tatsache, daß Sie Vorbild für Ihre Kinder sind, bleibt immer der wichtigste Faktor. Es gibt jedoch noch einige weitere Möglichkeiten, Ihre Kinder zu motivieren, über moralische Fragen nachzudenken. Sie sollen im folgenden dargestellt werden.

1. Regen Sie Ihre Kinder zu ethisch geleitetem Verhalten an

Ich habe bereits darauf hingewiesen und betone noch einmal, wie wichtig es ist, daß Sie positive Verhaltensweisen Ihrer Kinder anerkennen und loben. Kaum eine Erfahrung ist lehrreicher und wirkungsvoller, als dabei „ertappt" zu werden, das Richtige getan zu haben. Ihre

Kinder müssen wissen, daß Sie es merken, wenn sie sich ethisch verhalten. Achten Sie auf Gelegenheiten, ihre ethisch begründeten Entscheidungen anzuerkennen, und loben Sie sie für ihr gutes moralisches Urteilsvermögen. Wenn ein Kind einem der jüngeren Geschwister anbietet, ihm bei den Hausaufgaben behilflich zu sein oder jemandem spontan einen Gefallen tut, ohne eine Belohnung zu erwarten, verdient es Ihre Anerkennung, weil es dadurch mehr Wärme, Rücksicht und Liebe in die Welt gebracht hat.

2. Loben Sie Ihre Kinder, wenn sie sich zuverlässig verhalten

Jeder Tag, den Sie mit Ihren Kindern verbringen, bietet Gelegenheiten, sie zu Zuverlässigkeit und Vertrauenswürdigkeit zu erziehen. Sie können damit anfangen, indem Sie ihnen kleine Aufgaben übertragen, die sie leicht bewältigen können, wie z. B. den Tisch zu decken oder Wäsche zu verstauen. Während Ihre Kinder heranwachsen, können Sie diese Aufgaben dann allmählich schwieriger werden lassen.

Der Zusammenhang zwischen diesen Aufgaben und dem Erlernen von Zuverlässigkeit wird durch den Kontext hergestellt, in den Sie diese Aufgaben stellen. Sagen Sie Ihrem Kind jedesmal, wenn es eine Aufgabe erfüllt hat, wie stolz Sie sind, daß man sich auf es verlassen kann und daß es sein Wort hält. Dadurch schaffen Sie einen Zusammenhang zwischen Zuverlässigkeit und dem Bestreben Ihres Kindes, die Achtung und Bewunderung geliebter Menschen zu erlangen. Jedesmal, wenn Sie positiv auf einen Beweis von Vertrauenswürdigkeit reagieren, zeigen Sie Ihrem Kind, wie wichtig diese Eigenschaft ist.

Loben Sie Ihre Kinder darüber hinaus auch, wenn sie um der Zuverlässigkeit willen auf etwas verzichten. Das kann zum Beispiel heißen, daß sie einem Freund einen begehrten Gegenstand zurückbringen, den er bei ihnen vergessen hat, daß sie Geld, das ihnen ein Verkäufer zuviel herausgegeben hat, zurückgeben, daß sie sich gut benehmen, auch wenn niemand in der Nähe ist, der sie für ihr Fehlverhalten tadeln könnte, oder daß sie auf andere Weise das Richtige tun, obwohl es eigentlich bequemer oder emotional weniger riskant wäre, sich anders zu verhalten.

Ich glaube, daß Zuverlässigkeit eine solide Grundlage ist, auf der andere ethische Werte aufbauen können. Sie ist eine der Eigenschaften, die uns niemand nehmen kann. Weil kleine Kinder sich nicht von selbst einen Begriff von diesem wichtigen Wert machen können, müssen wir angemessene Möglichkeiten finden, um ihnen zu zeigen, worum es bei der Zuverlässigkeit eigentlich geht.

3. Nehmen Sie die Helden Ihrer Kinder als Beispiele für das, was Sie ihnen zeigen wollen

Viele der Kinderhelden aus den Medien zeichnen sich durch Zuverlässigkeit aus, aber auch durch Mut, Ehrgefühl, Altruismus und andere positive ethische Werte. Diese Werte können Sie Ihren Kindern gut nahebringen, indem Sie sie darauf aufmerksam machen, wie natürlich Batman und die anderen Helden aus Büchern, Film und Fernsehen diese Werte verkörpern. Jeder Moment, in dem einer dieser Helden etwas Nachahmenswertes tut, kann zu einem lehrreichen Beispiel werden. Sie können Ihre Kinder dabei durch einfache Kommentare zum Nachdenken anregen, wie etwa „Was ich an diesem Film mag, ist, daß der Held immer Menschen hilft, die in Not sind", oder „War das bei *Forever Young* nicht toll, wie Mel Gibson das Dach und die Rohre für diese Familie repariert hat?"

4. Achten Sie in der Popkultur auf Situationen, aus denen Kinder etwas über wertorientiertes Verhalten lernen können

Wird die moralische Substanz unserer Kinder durch das ständige Bombardement mit Bildern und Gedankengut aus Fernsehen und Rockmusik angegriffen, die Sex, Gewalt, Drogen, Untreue und sogar Selbstmord verherrlichen? Die Einzelheiten mögen verschieden sein, aber in der einen oder anderen Form ist diese Frage schon seit Jahrzehnten, wenn nicht sogar Jahrhunderten, Anlaß für hitzige Debatten. Fragen Sie nur einmal Sokrates. Wir können nicht mit Sicherheit sagen, welchen Einfluß die Popkultur auf das Weltbild und die Lebensweise unserer Kinder hat, aber diese Frage ist sicher nicht unberechtigt, wenn man an die Statistiken denkt: Nach einer der eher konservativen Schätzungen sieht ein durchschnittlicher Jugendlicher von der siebten bis zur zwölften Klasse fast 4000 Stunden fern und hört 10500 Stunden Rockmusik.

Ich glaube, daß wir in gewisser Weise so werden, wie wir denken. Deshalb müssen wir unsere Kinder dazu anregen, über Dinge nachzudenken, die sie zu positivem Handeln inspirieren. Wenn sie dies tun, ist es wahrscheinlicher, daß sie auf natürliche und unwillkürliche Weise zu Menschen werden, die positive Eigenschaften verkörpern.

Daneben können sie die Auswirkungen der negativen Botschaften aus Songtexten oder aus dem Fernsehen abschwächen, wenn Sie Ihren Kindern helfen, diese zu erkennen. Sie könnten Ihr Kind zum Beispiel bitten, Ihnen die Songtexte seiner Lieblingslieder zu zeigen, um dann gemeinsam darüber zu sprechen. Noch besser ist es vielleicht, Ihr Kind einfach zu fragen, was Sie, seiner Meinung nach, von diesen Texten wohl halten. Seine Antworten werden Ihnen einiges darüber mitteilen, was es von Ihren Werten hält und wie erfolgreich Sie ihm diese vermittelt haben.

Sie können sich auch dazusetzen, wenn Ihre Kinder fernsehen. Achten Sie darauf, welche Werte in ihren Lieblingssendungen enthalten sind. Machen Sie Ihren Kindern bewußt, wie die Helden ihre Ziele erreichen – meistens durch körperliche Gewaltanwendung, Blutvergießen und Rache. Fragen Sie sie, ob es auch andere Wege gegeben hätte, zum Ziel zu kommen. Wenn Sie Ihre Kinder dazu ermuntern, Alternativen zu finden, machen Sie ihnen deutlich, daß man mehrere Möglichkeiten in Betracht ziehen kann, bevor man eine ethische Entscheidung trifft.

5. Bringen Sie Ihre Kinder dazu, über sich selbst nachzudenken

Eine weitere wichtige Möglichkeit, wie Sie das Bewußtsein Ihrer Kinder für ethisch geleitete Entscheidungen schärfen können, besteht darin, sie daran zu erinnern, daß sie sich Zeit nehmen sollten, um ihr Verhalten zu hinterfragen. Meist handeln Kinder, ohne darüber nachzudenken. Damit sie lernen, ethisch zu handeln, müssen sie die Fähigkeit entwickeln, sich von ihren Handlungen innerlich zu distanzieren, sie objektiv zu betrachten und zu entscheiden, ob sie diese Handlungen wiederholen wollen oder nicht.

Diese Fähigkeit, eine innere Distanz zwischen dem Selbst und den eigenen Handlungen zu schaffen, ist ein erlerntes Verhalten. Auch hier lernt Ihr Kind durch Ihr Vorbild. Wenn es sieht, daß Sie immer versuchen, Ihre Handlungen zu rechtfertigen und auf jeder Ihrer Entscheidungen bestehen, auch wenn Sie inzwischen anderer Meinung sind, lernt Ihr Kind, daß es sehr wichtig ist, alle Bastionen zu verteidigen und nie Fehler zuzugeben.

Es ist viel besser für Kinder, wenn sie erleben, daß ihre Eltern Entscheidungen, die sie in der Eile getroffen haben, noch einmal laut überdenken. Es ist viel besser für sie, zu sehen, daß die Erwachsenen, die sie lieben und respektieren, Fehler zugeben, Meinungen ändern und Verhaltensweisen und Entscheidungen von einem objektiven Standpunkt aus überdenken können, ohne sie unbedingt verteidigen zu wollen. Wenn dies auch nicht leicht fällt, so ist es doch die beste Methode, um Ihre Kinder zu Demut und einer Überprüfung des eigenen Denkens zu erziehen und ihnen zu zeigen, daß es immer Möglichkeiten gibt, unser Verhalten positiv zu verändern.

■ Bringen Sie Ihren Kindern bei, auf ihr Gewissen zu hören

All diese lehrreichen Augenblicke, von denen die Rede war, sollen Ihre Kinder dazu bringen, daß sie sich immer wieder folgende Frage stellen, wenn sie im Leben ethische Entscheidungen treffen müssen: „Wenn dieser Augenblick vorbei ist und ich in Zukunft auf ihn zurückblicke, werde ich dann stolz darauf sein, wer ich damals war und was ich getan habe?"

Wenn Sie Ihr Kind zu dieser Art reflektierender Selbstprüfung erziehen können, solange es noch klein ist, wird es sie sein Leben lang anwenden. Es wird immer die leise Stimme des Gewissens in sich tragen. Diese wird es jeden Tag daran erinnern, daß es eine der wertvollsten und unersetzlichsten Fähigkeiten besitzt, die ein Mensch haben kann: die Fähigkeit, ethisch zu handeln.

Wie Sie Situationen, in denen Kinder etwas über ethisches Verhalten lernen, erkennen und nutzen können

- Machen Sie sich klar, daß Ihre Kinder oft in zufälligen Augenblicken unbewußt etwas über Moral lernen.
- Entwickeln Sie ein Gespür für Situationen, die ethische Entscheidungen beinhalten.
- Sprechen Sie mit Ihren Kindern über die ethischen Herausforderungen, die ihnen im täglichen Leben, in den Medien und in der Popkultur begegnen.
- Loben Sie Ihre Kinder für ihre ethischen Entscheidungen.
- Weisen Sie Ihre Kinder auf ethisch geleitete Verhaltensweisen anderer hin.
- Geben Sie Ihren Kindern einen Einblick in Ihre eigenen Entscheidungsprozesse bei ethischen Fragen.

Regel Nr. 8:
Seien Sie auch in Ihren Freundschaften Vorbild für Ihre Kinder

Ich glaube, mir sind noch nie Eltern begegnet, die sich nicht auf irgendeine Art wünschten, die Freunde ihrer Kinder selbst aussuchen zu können. „Warum", beklagen sie sich, „ist meine Tochter immer noch mit Susan (oder John oder Sheila usw.) befreundet, wenn sie diese Freundschaft doch nur verängstigt und traurig macht?" Eltern sehen sich oft genötigt, ihre Kinder zu trösten und Tränen der Wut und Enttäuschung zu trocknen, die ungute Freundschaften verursacht haben. Viele fragen sich dann, ob die Schmerzen, die solche mißglückten Freundschaften hervorbringen, je ein Ende nehmen werden.

Das ist keine unwichtige Angelegenheit. Die Wahl der Freunde ist auch eine ethische Entscheidung. Mit welchen Menschen wir Umgang haben, mit welchen wir uns wohl fühlen, was für Beziehungen wir zu unseren Freunden haben – all dies hat einen großen Einfluß auf unsere täglichen ethischen Entscheidungen.

Denken Sie wieder an Ihre eigene Kindheit zurück. Erinnern Sie sich an den Einfluß, den Ihre Freunde auf Ihre Entscheidungen hatten? Es gab wahrscheinlich Zeiten, in denen Ihnen die Zustimmung Ihrer Freunde wichtiger war als die Zustimmung oder Ablehnung Ihrer Eltern oder von irgend jemand anderem. Wie Sie Ihr Verhalten, Ihre Erfolge und Niederlagen einschätzten, hing zu einem großen Teil von der Meinung von Freunden und Gleichaltrigen ab. Wenn eine bestimmte Handlung, eine Beschäftigung, eine Art, sich zu kleiden oder eine bestimmte Ausdrucksweise bei Ihren Freunden als „cool" galt, hatten auch Sie nichts dagegen einzuwenden.

Diese soziale Realität von Kindern kann Eltern natürlich Alpträume bereiten. Viele klagen, daß sie unfähig sind, den Einfluß einzuschränken, den Gleichaltrige in so vielen Bereichen des Lebens ihrer Kinder haben. Letztendlich ist dies jedoch eine Tatsache, die alle Eltern akzeptieren müssen.

Das bedeutet nicht, daß es nicht in Ihrer Macht steht, die Freundschaften Ihrer Kinder zu beeinflussen. Sie können zwar nicht ihre Freunde für sie aussuchen, aber Sie können etwas viel Wichtigeres tun – Sie können sich Ihre eigenen Freunde aussuchen. Sie können Ihre eigenen Freundschaften zu Vorbildern für Ihre Kinder machen. Sie können selbst solche Freunde haben, wie Sie sie sich für Ihre Kinder wünschen und, was noch wichtiger ist: Sie können selbst solche Freunde *sein*, wie Ihre Kinder ebenfalls sein sollen.

■ Sie können Ihren Kindern die Freunde nicht vorschreiben

Die schlechteste Methode, ein Kind bei der Wahl seiner Freunde zu beeinflussen, besteht darin, in sein Zimmer zu marschieren und zu verkünden: „Von jetzt an triffst du dich nicht mehr mit Michael." Zu neunundneunzig Prozent bewirkt diese Vorgehensweise das Gegenteil dessen, was Sie beabsichtigen.

Weil wir selbst einmal Kinder waren, wissen wir, daß das so ist. Bei mir war es so, daß die Abneigung meiner Eltern gegen meine Freunde es noch viel reizvoller und interessanter erscheinen ließ, sich mit ihnen zu treffen. Ein solcher „verbotener" Freund und ich stahlen uns öfter nachts um drei aus unseren Häusern, sprangen auf unsere Räder und trafen uns an einem verabredeten Ort, wo wir in einem Restaurant frühstückten, das die ganze Nacht geöffnet war. Der Spaß bestand zu einem großen Teil darin zu wissen, daß meine Eltern vor Wut an die Decke gehen würden, falls sie es je herausfänden.

Zu versuchen, unseren Kindern vorzuschreiben, welche Freunde sie haben sollen, ist sinnlos. Es gibt einfach Dinge, die außerhalb des Einflußbereichs von Eltern liegen. Eigentlich wissen wir als Eltern auch gar nicht immer, wer die „richtigen" Freunde für unsere Kinder wären. Kinder können sich manchmal den Eltern von Freunden gegenüber ganz anders verhalten als gegenüber Gleichaltrigen.

Meine Erfahrung als Familienberater ist es, daß Freundschaften, gegen die die Eltern Einwände haben, meist von selbst zu Ende gehen. Die meisten Kinder sind verständig genug, bei der Wahl ihrer Freunde auch an ihre eigenen Interessen zu denken, auch wenn dies ihren Status innerhalb einer Gruppe kurzzeitig ins Wanken bringt. Wenn Sie Ihre Kinder dazu erziehen, die Werte zu respektieren, die Ihnen wichtig sind, sind Sie im Gegenzug dazu verpflichtet, auf ihr Urteil zu vertrauen. Ihre Kinder werden sich der Situation gewachsen zeigen, wenn Sie die ethischen Grundsätze, die Sie als Familie verwirklichen wollen, klar formuliert und vorgelebt haben.

Sie können Ihre Kinder bei der Wahl ihrer Freunde hauptsächlich indirekt beeinflussen, und Sie werden dabei am meisten Erfolg haben, wenn sie die altbewährte Methode anwenden und Ihren Kindern ein Vorbild sind.

■ Seien Sie durch die Wahl Ihrer Freunde ein Vorbild

Sehen Sie sich Ihre eigenen Freundschaften an, wenn Sie auf die Ihrer Kinder Einfluß nehmen möchten. Denken Sie über die Menschen nach, die Sie zu Ihren Freunden zählen. Was hat Sie zu ihnen hingezogen? Wie sind sie Ihre Freunde geworden? Wenn Sie noch einmal von vorne anfangen könnten, würden Sie sie dann wieder als Ihre Freunde wählen? Warum oder warum nicht? Könnten Sie sie Ihren Kindern als Vorbilder ethisch geleiteten Verhaltens präsentieren? Wenn Sie neue Freunde kennenlernen wollten, die die gleichen Werte vertreten wie Sie, wo könnten Sie sie finden?

Das sind wichtige Fragen. Die meisten Menschen geraten wie zufällig in Freundschaften hinein, ohne sich groß Gedanken darüber zu machen, was sie von ihren Freunden erwarten und was sie im Gegenzug bereit sind zu geben. Und trotzdem können Ihre Freundschaften einen großen Einfluß auf die Verhaltensgrundsätze Ihrer Kinder haben. Deshalb sollen Sie jeden Erwachsenen, der Ihren Kindern begegnet, so betrachten, als ob Sie ihn persönlich dazu auserwählt hätten, Ihren Kindern einen Vortrag über das Thema „Warum ihr genauso sein solltet wie ich" zu halten.

Das ist eigentlich genau das, was Sie die ganze Zeit tun. Ihre Kinder beobachten, wie Sie mit Freunden umgehen, und sie hören bei jeder Gelegenheit Ihren Unterhaltungen mit ihnen zu. So lernen sie komplexe Dinge über ethisch begründetes Verhalten im Umgang mit anderen Menschen.

Prüfen Sie die eigenen Freundschaften kritisch

Wenn Eltern erkennen, wieviel Einfluß ihre Freundschaften auf ihre Kinder haben, distanzieren sie sich oft von dem, was ihre Freunde tun. Wenn sie bewußt darüber nachdenken, stellen sie vielleicht fest, daß Joe viel zu viel trinkt und dies auf die leichte Schulter nimmt, daß Jill oft rassistische Schimpfworte benutzt oder daß Sandy oft voller Schadenfreude davon erzählt, wie sie bei einem Geschäft jemandem etwas angedreht hat. Eltern erzählen mir oft, wie peinlich es für sie war, festzustellen, daß alte Freunde Verhaltensweisen an den Tag legen, die sie nicht gutheißen und die ihre Kinder nicht übernehmen sollen.

Alte Bekanntschaften aufzugeben ist nicht leicht. Aber es kann für Sie sehr wichtig sein zu erkennen, daß Ihre Kinder vielleicht nicht eindeutig genug vermittelt bekommen, welche Verhaltensweisen Sie für richtig halten, wenn Sie zulassen, daß bestimmte Menschen an Ihrem Leben teilhaben. Wenn Sie sich entscheiden, eine Freundschaft zu beenden, könnten Sie Ihren Kindern zum Beispiel erklären, daß die betreffende Person zwar Qualitäten besitzt, die Sie an ihr schätzen, aber daß es auch zwingende ethische Gründe dafür gibt, daß diese Person nicht weiterhin ein Teil Ihres Lebens bleibt. Dadurch lernen Kinder, daß die Entscheidungen, die wir im Leben treffen, nicht unverrückbar, sondern Teil eines sich verändernden Prozesses immer neu zu treffender Entscheidungen sind, der die ethische Dimension unseres Lebens darstellt.

■ Wie Ihre Kinder lernen können, Freundschaften ernst zu nehmen

Die zweitbeste Methode, wie Sie Ihre Kinder bei der Wahl ihrer Freunde beeinflussen können, ist vielleicht, ihnen zu vermitteln, wie wichtig diese Wahl sein kann.

Benutzen Sie Ihre eigenen Freundschaften als eine Art Versuchslabor für die Ihrer Kinder. Reden Sie mit Ihren Kindern über Ihre Freunde: warum Sie froh sind, daß sie Teil Ihres Lebens sind, welche Eigenschaften Sie an ihnen bewundern, wie das Prinzip des Gebens und Nehmens bei Ihnen und Ihren Freunden verwirklicht ist und darüber, was diese Freundschaften Ihnen in sozialer, emotionaler und spiritueller Hinsicht geben. So lernen Ihre Kinder etwas, auf das sie vielleicht nicht von selbst gekommen wären: daß sie Freundschaften ernst nehmen müssen; daß sie mindestens so viele Gedanken darauf verwenden sollten, welche Freunde sie sich aussuchen, wie darauf, was sie anziehen, wenn sie mit diesen Freunden zusammen sind.

Zeigen Sie Ihren Kindern auch, daß es sich lohnt, zu seinen Freunden zu stehen, selbst wenn andere gegen sie sind. Wir möchten, daß unsere Kinder zu den Menschen stehen, die ihnen wichtig sind, auch wenn sie sich über den moralischen Charakter dieser Menschen jedes Jahr ein neues Urteil bilden. Aber machen Sie Ihren Kindern ebenfalls bewußt, daß wir in dieser Welt oft danach beurteilt werden, mit was für Menschen wir Umgang haben. Daraus, welche Freunde wir uns wählen, werden Schlüsse auf unsere Integrität und unseren Charakter gezogen.

Niemand würde behaupten, daß solche subjektiven Urteile über unseren Charakter „fair" sind. Das sind sie nicht. Aber ob Sie das nun für richtig halten oder nicht, auf diese Weise machen sich tatsächlich viele Menschen auf dieser Welt ein Bild von anderen. Erklären Sie Ihren Kindern, daß wir kaum etwas an den Urteilen anderer ändern können, aber bestimmen können, ob wir zulassen wollen, daß diese anderen unser Leben beeinflussen.

Dies ist ein sehr schwieriger Gedanke, und ich halte es für sinnvoll, ihn Kindern folgendermaßen darzulegen: „Ich möchte mit dir darüber reden, daß deine Freunde einen Einfluß darauf haben, was aus dir wird und wie andere dich sehen. Dies sind Gedanken, die sich Erwachsene oft machen, aber ich glaube, du kannst sie verstehen. Es ist wichtig, daß dir klar ist, wie sehr die Wahl deiner Freunde dein Leben beeinflussen kann. Ich mache als Erwachsener genau die gleichen Erfahrungen, wenn es darum geht, sich Freunde auszusuchen. Ich versuche mir immer dessen bewußt zu sein, wie sich meine Freundschaften auf mein Verhalten auswirken und darauf, was für ein Mensch ich bin."

Die meisten Kinder werden diesen Gedanken und was aus ihm folgt, nicht verstehen können, bevor sie zu Jugendlichen herangewachsen sind. Sie können jedoch von dem Zeitpunkt an mit Ihren Kindern darüber sprechen, zu dem sie anfangen, die Wahl ihrer Freunde zu hinterfragen und bestimmte Verhaltensweisen ihrer Freunde zu kritisieren. Wenn Sie sich Ihre eigenen Freunde sorgfältig ausgesucht haben, wird es Ihnen leichter fallen, dieses Gespräch zu führen, da Sie Beispiele aus Ihrem eigenen Leben anführen können.

Das soll *nicht* heißen, daß alle Freundschaften auf bewußten, sorgfältig gewählten Kriterien beruhen müssen. Wir wissen, daß sie das nicht tun. Manche Menschen werden unsere Freunde, weil wir gemeinsame Interessen haben oder die gleichen Erfahrungen gemacht haben. Wieder andere Freundschaften scheinen einfach spontan zu entstehen. Wenn Sie im Begriff sind, dieses Thema anzusprechen, ist es jedoch trotzdem gut, Ihre Freundschaften einmal zu überprüfen und sich zu fragen, ob Sie allgemeine Muster ethisch begründeten Verhaltens darin erkennen können, und ob Sie froh wären, wenn Ihre Kinder diese Muster auf ihr Leben übertragen würden.

Wir haben das Recht, uns unsere Freunde auszusuchen

Helfen Sie Ihren Kindern, sich bewußt zu werden, daß sie über ihre Freundschaften bestimmen können und daß sie die Wahl haben, sie entweder zu pflegen oder zurückzuweisen. Kinder sind oft sehr wenig selbstbewußt und brauchen Anerkennung durch Gleichaltrige und die Gewißheit, akzeptiert zu werden. Deshalb machen sie sich jeden zum Freund, der ihnen auch nur den Anschein einer Freundschaft anbietet. Wenn Ihre Kinder Ihre Freundschaften erleben und erkennen, daß bei Ihnen bewußte Entscheidungen im Spiel sind, wird ihnen klar werden, daß auch sie in der Lage sind, ähnliche Entscheidungen zu treffen. Diese Einsicht wird ihnen helfen, die innere Kraft zu entwickeln, bestimmte Freundschaften zu suchen und andere zu meiden. Sie wird ihnen das Gefühl geben, daß es gut und lobenswert ist, sich seine Freunde bewußt auszusuchen. Was noch wichtiger ist: Ihre Kinder lernen, daß sie sich selbst gegenüber die Verpflichtung haben, bewußt über ihre Freundschaften nachzudenken und sich nicht einfach nach der Masse zu richten.

■ Wie Sie Ihre Kinder bei der Wahl ihrer Freunde beeinflussen können

Wenn Sie von sich selbst und Ihren eigenen Freunden das gleiche erwarten wie von Ihren Kindern, haben Sie einen indirekten Einfluß auf die Wahl ihrer Freunde, der effektiver ist als alle Versuche, eine direkte Kontrolle auszuüben. Eine weitere Methode, Ihre Kinder zu Freundschaften zu ermuntern, denen Sie zustimmen, besteht darin, sie an Freizeit- und Wochenendaktivitäten teilnehmen zu lassen, die Ihren Werten entsprechen. Wenn ein Kind in einer Fußballmannschaft mitspielt, an einem Kindertheater teilnimmt oder einer kirchlichen Jugendgruppe beitritt, die sich sozial engagiert, wird es sich sehr wahrscheinlich mit anderen Kindern aus der gleichen Gruppe anfreunden.

Diese Art „angewandter Sozialwissenschaft" kann die wirkungsvollste Methode sein, Ihre Kinder bei der Wahl ihrer Freunde zu beeinflussen, zumindest bis sie zu Jugendlichen herangewachsen sind. Solange Sie noch einen Einfluß darauf haben, was sie in ihrer Freizeit tun, sollten Sie sie zu Aktivitäten ermuntern, die Sie gutheißen, und von Dingen abhalten, gegen die Sie Einwände haben. Wenn Sie es zum Beispiel lieber hätten, daß Ihre Tochter sich in einer kirchlichen Gruppe engagiert, anstatt einem Fanclub beizutreten, könnten Sie die Eltern ihrer momentanen oder zukünftigen Freunde anrufen und sie bitten, ihre Kinder ebenfalls dazu zu bewegen. Bieten Sie an, die Kinder zu Veranstaltungen zu fahren und wieder abzuholen. Arrangieren Sie Fahrgemeinschaften.

Erzählen Sie von Ihrer Kindheit

Eine weitere Möglichkeit, Ihre Kinder bei der Wahl ihrer Freunde zu beeinflussen, besteht darin, von Ihrer eigenen Kindheit zu erzählen. Reden Sie mit ihnen über die schönen Freundschaften, die Ihnen Kraft und Rückhalt verliehen haben, und über die weniger schönen, bei denen Ihre Gutgläubigkeit ausgenutzt und Ihr Vertrauen enttäuscht wurde. Die meisten Kinder hören gerne Geschichten aus der Kindheit ihrer Eltern. Es kann für sie befreiend sein zu erkennen, daß Sie mit den gleichen Problemen, Unsicherheiten und schmerzlichen Erfahrungen zu kämpfen hatten, denen Ihre Kinder sich jetzt ausgesetzt fühlen.

Eine Mutter erzählte mir einmal, daß sie ihrer Tochter gegenüber erwähnt hatte, wie verletzt sie in der fünften oder sechsten Klasse gewesen war, weil die „beliebten" Kinder sie nicht in ihre Gruppe aufnehmen wollten, und wie oft sie deswegen heulend nach Hause gelaufen sei. Ihre Tochter schien nicht sonderlich interessiert zu sein, während sie davon erzählte. Um so erstaunter war sie, als ihre Tochter ihr viele Monate später nach einem besonders harten Tag in der Schule die gleiche Geschichte erzählte, mit dem Kommentar: „Wenn du das überlebt hast, werde ich es wohl auch überleben. Diese Kinder hatten deine Freundschaft wahrscheinlich gar nicht verdient ... und meine sogenannten Freunde verdienen meine wohl auch nicht."

Die Mutter war überrascht, daß ihre Tochter sich die Geschichte gemerkt hatte und sich daran erinnerte, als ihr Selbstbewußtsein durch die Rücksichtslosigkeit ihrer „sogenannten Freunde" angegriffen wurde. Sie sagte zu mir: „Man weiß nie, wann etwas, das man seinen Kindern erzählt, bei ihnen ankommt."

Sie hatte natürlich recht. Geschichten über uns selbst, die wir unseren Kindern erzählen, sind wie glitzernde Kieselsteine an einem Meeresstrand. Wir wissen nie, wann ein Kind einen von ihnen aufhebt und zu seiner Sammlung legt, um ihn an einem seelischen Regentag hervorzuholen und ihn mit Hingabe und Freude zu bewundern. Ihren Kindern von sich zu erzählen, ist eine der besten Methoden, die ich kenne, um ein starkes Verbundenheitsgefühl zwischen Ihnen und Ihren Kindern zu schaffen. Es verleiht ihnen die Gewißheit, daß Sie für ihre Probleme Verständnis haben, weil Sie das alles selbst schon durchgemacht haben.

■ Seien Sie selbst solche Freunde, wie Ihre Kinder sein sollen

Ihre Kinder durch Ihr Vorbild zu erziehen, ist wie bei allen anderen Aspekten ethischer Entwicklung auch beim Thema Freundschaft das Wichtigste. Das heißt nicht nur, daß Sie sich solche Freunde aussuchen, wie Sie sie sich für Ihre Kinder wünschen, sondern auch, daß Sie selbst solche Freunde *sind*, wie Ihre Kinder sein sollen.

Ihr Kind lernt am besten, was es heißt, ein guter Freund zu sein, wenn es Ihnen zuhört und Sie beobachtet. Wie reden Sie vor Ihrem Kind über Ihre Freunde? Reden Sie voller Rücksicht, Achtung und Verständnis von ihnen? Oder sprechen Sie schlecht von ihnen, sind Sie neidisch auf ihre Erfolge, und freuen Sie sich über ihre Enttäuschungen? Wenn sich Ihre Kinder ihren Freunden gegenüber so verhielten wie Sie, würden Sie sich über dieses Verhalten freuen, oder würden sie versuchen, es zu ändern?

Sprechen Sie Ihren Kindern gegenüber aus, welche Eigenschaften Sie an Ihren Freunden besonders bewundern, und versuchen Sie, diese Eigenschaften auch in Ihrem eigenen Verhalten erkennen zu lassen. Dadurch wird Freundschaft zu einem bewußten Prozeß, und Ihre Kinder lernen, daß sie ein Bereich des Lebens ist, über den es sich nachzudenken lohnt und den man bewußt planen kann. Auf diese Weise spielt die Wahl ihrer Freunde eine viel wichtigere und konkretere Rolle, wenn Ihre Kinder darüber nachdenken, welche Rolle Freundschaften in ihrem Leben spielen.

■ Lassen Sie Ihren Kindern die Wahl

Auch in diesem Punkt ist es hilfreich, sich bewußt zu machen, daß es die Entscheidung Ihrer Kinder bleibt, was für Kameraden sie sich suchen und welchen Vorbildern sie nacheifern, egal welche Freunde Sie für sich wählen und welches Vorbild oder welche Ratschläge Sie Ihren Kindern geben. Sie können sie beeinflussen und ein Vorbild sein in der Hoffnung, daß sie Ihr Verhalten nachahmen werden, aber was sie tun, bleibt letztendlich Ihren Kindern überlassen.

Trotz dieses scheinbaren Mangels an Kontrolle und trotz Ihrer Befürchtungen, was den negativen Einfluß schlechter Freunde auf Ihre Kinder betrifft, kann ich Ihnen nur raten, Ihren Kindern zu vertrauen. Vertrauen Sie darauf, daß sie schließlich und endlich die richtigen Entscheidungen treffen werden. Vertrauen Sie darauf, daß die Werte, die Sie ihnen vermittelt haben, genügend Einfluß auf ihr Innerstes hatten, um jegliche Wirkung, die die „Freundschaft des Monats" vorübergehend haben könnte, zu entkräften. Auch wenn es sicher Zeiten geben wird, in denen Ihrem Kind die Hochschätzung seiner Freunde mehr gilt als Ihre, wird der grundlegende Sinn für richtig und falsch, den es von Ihnen gelernt hat, fortbestehen. Um sich dieser Tatsache zu vergewissern, brauchen Sie nur einen Moment lang innezuhalten und daran zu denken, wie Sie selbst auch jetzt noch die Zustimmung Ihrer Eltern brauchen und suchen.

Natürlich ist es wichtig, darauf zu achten, was für Freunde Ihr Kind sich aussucht, und es notfalls vor selbstzerstörerischem Verhalten zu bewahren. Aber abgesehen davon, daß man es vor körperlichem Leid schützen muß, sollten Sie sich bewußt sein, daß älter und reifer zu werden immer auch schmerzliche Erfahrungen mit sich bringt. Lassen Sie Ihrem Kind den Freiraum, diese Erfahrungen selbst zu machen und daraus zu lernen. Schließlich weiß es ja, daß Sie notfalls immer für es da sein werden, um seine Hand zu halten oder verständnisvoll zuzuhören, um seine Tränen aufzufangen oder um ihm Ihre Unterstützung und Ihre bedingungslose Liebe zu geben.

Wie Sie Ihre Kinder bei der Wahl ihrer Freunde beeinflussen können

- Seien Sie sich darüber im klaren, daß Sie Ihre Kinder zwar bei der Wahl ihrer Freunde beeinflussen, nicht aber ihre Freunde selbst aussuchen können.
- Suchen Sie für sich selbst Freunde, die die gleichen Grundwerte haben wie Sie.
- Erklären Sie Ihren Kindern, daß die Wahl ihrer Freunde einen Einfluß darauf hat, wie andere ihren Charakter beurteilen.
- Beeinflussen Sie Ihre Kinder bei der Wahl ihrer Freunde auf indirekte Weise.
- Helfen Sie Ihren Kindern zu erkennen, daß sie selbst entscheiden können, welche Freunde sie sich aussuchen, und vertrauen Sie darauf, daß sie, auf lange Sicht gesehen, bei der Wahl ihrer Freunde ihre eigenen Werte und Interessen im Auge haben werden.
- Zeigen Sie Ihren Kindern durch Ihr Vorbild, was es heißt, ein guter Freund zu sein.

Regel Nr. 9:
Machen Sie ethisch
geleitetes Verhalten zu einer
Familienangelegenheit

Eines der am wenigsten beachteten Bedürfnisse von Kindern ist die Sehnsucht nach Zugehörigkeit. Wir wissen, daß Kinder Nahrung brauchen und ein Dach über dem Kopf, daß sie emotionale und spirituelle Sicherheit brauchen, aber wir übersehen häufig, daß sie auch das Gefühl brauchen, mit anderen Menschen verbunden zu sein. Diese Sehnsucht nach Zugehörigkeit ist es, die Menschen dazu bringt, sich Organisationen anzuschließen. Ihretwegen halten sie lange Zeit ihrer alten Schule die Treue oder ihren Sportmannschaften, ihren Vereinen oder religiösen Institutionen.

Wenn wir charakterstarke Kinder großziehen wollen, müssen wir ihnen die Möglichkeit geben, sich mit anderen verbunden zu fühlen. Wir gehen meist davon aus, daß ethisch begründetes Verhalten eine persönliche, individuelle Angelegenheit ist und weniger eine Gemeinschaft als vielmehr den einzelnen betrifft. Wenn wir unseren Kindern jedoch wertorientiertes Handeln vermitteln wollen, dann deshalb, weil wir mit anderen Menschen zusammenleben. Die wirklich gefährlichen Menschen auf dieser Welt sind die „Soziopathen", die keine Verbundenheit mit anderen spüren und denen es deshalb leicht fällt, sie nicht für Menschen zu halten. Nur wenn Kinder sich als wichtigen Bestandteil des Lebens anderer erfahren, spüren sie den tieferen Sinn dessen, was es heißt, soziale Verantwortung zu tragen und werden dadurch zu ethisch handelnden Menschen heranwachsen.

Sie können dafür sorgen, daß dieses Bedürfnis Ihrer Kinder gestillt wird, indem Sie sie dazu ermutigen, an außerschulischen Aktivitäten, gemeinnützigen Aktionen und anderen Unternehmungen in der Gruppe teilzunehmen. Sie können einer Kirchengemeinde oder einer anderen religiösen Organisation beitreten, die viel Wert auf Jugendarbeit legt. Aber die erfolgreichste Methode, wie Sie Ihren Kindern das ethische und spirituelle Zusammengehörigkeitsgefühl mit einer größeren Gemeinschaft vermitteln können, besteht darin, *als Familie* an gemeinnützigen Aktionen teilzunehmen.

■ Die Herausforderung, „die Welt zu heilen"

Kinder sollten ihre Beziehung zur Welt so betrachten, als hinge es von ihnen persönlich ab, was aus ihr wird. Ihnen diese Einstellung zu vermitteln, ist letztlich die größte Herausforderung einer ethischen Erziehung. Wenn wir dies erreichen wollen, müssen unsere Kinder lernen, daß ihr Leben mit dem Leben aller anderen Menschen verbunden ist. Sie müssen sich für die Lebensqualität auf unserem Planeten, für das Funktionieren der Gesellschaft und für das Schicksal der Menschheit verantwortlich fühlen. Sie müssen erkennen, daß es ein Ziel ihres Menschseins ist, ein Gefühl der Vollendung und Erfüllung in die Welt zu tragen.

In meiner spirituellen Tradition heißt diese Aufgabe „die Welt heilen". Sie bedeutet, daß das wichtigste Ziel des Menschen darin besteht, an dem Werk Gottes teilzuhaben, die Schöpfung der Welt zu vollenden. Diese Auffassung, daß die höhere Macht, die alles Leben geschaffen hat, unsere Mitarbeit braucht, um die Schöpfung täglich zu erneuern, gibt es in vielen religiösen und humanistischen Traditionen. Einem Leben in Isolation und nur für uns selbst stellt sie die Verantwortung gegenüber, die wir als Teil einer Familie, eines Volkes und einer Gesellschaft haben. Wir sind aufgefordert, die Welt zu verbessern (sicher wird niemand behaupten, daß sie nicht verbesserungswürdig ist), und sie dem Ziel von Ganzheit und Frieden näherzubringen.

Jeder kann dazu beitragen, die Welt zu heilen. Vielleicht ist dies sogar der wichtigste Grund zu leben. Das Heilen der Welt geschieht oft in alltäglichen Augenblicken und einfachen Gesten. Wir erfüllen diese Aufgabe, indem wir anderen unsere Hilfe anbieten, Ungerechtigkeiten beheben und am Boden zerstörte Menschen aufrichten. Wir tragen dazu bei, die Welt zu heilen, wenn wir unglücklichen Menschen beistehen, verzweifelten Menschen Hoffnung bringen und bedürftigen Menschen materielle Hilfe.

Die Verantwortung, alles zu tun, was in unserer Macht steht, um diese Vision zu verwirklichen, kann für unsere Kinder eine aufregende Herausforderung sein. Sie verlangt, daß wir nach konkreten Möglichkeiten suchen, wie Kinder die Welt positiv verändern können. Je öfter uns dies gelingt, desto mehr tragen wir dazu bei, daß sie sich als ethisch handelnde Menschen kompetent und stark fühlen.

Sie können dieses Ziel auf einfache Weise erreichen, indem Sie sich als Familie dazu verpflichten, „ethische Hausaufgaben" zu machen. Dabei sprechen Sie mit Ihren

Kindern über die sozialen Probleme in der Welt und ihre Lösungsmöglichkeiten. Anschließend können Sie sich gemeinsam eine konkrete Aufgabe überlegen und so den ersten Schritt tun, um Ihr Versprechen, als Familie anderen zu helfen, zu erfüllen. Wichtig ist, daß Sie sich etwas vornehmen, das Sie auch wirklich in die Tat umsetzen können. Nehmen Sie die Vorschläge über die „ethischen Hausaufgaben" auf den Seiten 167/168 zu Hilfe, um Ihre Familie für dieses Projekt zu interessieren und zu begeistern.

Wenn Sie daraus ein längerfristiges Vorhaben innerhalb Ihrer Familie machen, können Sie Kinder jeden Alters mit einbeziehen. Sie könnten sich zum Beispiel um eines der vielen Probleme kümmern, die daraus entstehen, daß in unserem Land manche Kinder obdachlos sind. Sie könnten sich verpflichten, bei Nachbarn Kleider einzusammeln und sie bei einer Stelle abzugeben, die obdachlosen Familien hilft, oder Sie könnten sich bereit erklären, dort ein Jahr lang einmal im Monat Mahlzeiten zu servieren. Kinder, die alt genug sind, um zu verstehen, worum es geht, können ihre Schränke nach Kleidern oder Spielzeug durchsuchen, das sie bedürftigen Kindern geben möchten, oder sie können die Tische decken oder abräumen, wenn Sie für Obdachlose kochen.

Ein zwölfjähriges Mädchen, das ich kenne, entschloß sich zu einem wunderbaren Projekt: Sie nahm ihren eigenen Geburtstag zum Anlaß, Freude in das Leben obdachloser Familien zu bringen. Statt eine Party für sich selbst zu feiern, veranlaßte sie ihre gesamte Familie, Essen zu kochen, Kuchen und Plätzchen zu backen und Partydekorationen zu basteln, die sie dann alle zusammen zu einer Obdachlosenunterkunft in ihrer Stadt brachten. Dieses Kind erlebte die Freude, die man erfährt, wenn

166

man das Leben anderer mit Sinn erfüllt. Sie lernte durch ihre persönliche Erfahrung aus erster Hand, daß es zutrifft, daß Geben seliger ist als Nehmen.

Ein anderes Kind, ein vierzehnjähriger Junge, schlug seiner Familie vor, belegte Brote und andere leicht transportierbare Mahlzeiten zuzubereiten und in ihrer Stadt umherzufahren, um obdachlose Menschen auf den Straßen damit zu beliefern. Sein individueller Beitrag zur Heilung der Welt wurde bald von der ganzen Stadt nachgeahmt und sogar vom Präsidenten der Vereinigten Staaten gewürdigt.

Ein weiteres Beispiel: Sie könnten sich vornehmen, zum Umweltschutz beizutragen, vielleicht indem Sie versuchen, den Treibhauseffekt zu verringern, wo Sie nur können. Sie könnten damit beginnen, zunächst einmal einen Baum für jedes Familienmitglied zu pflanzen. Zur Erfüllung dieser Aufgabe können Kinder aller Altersstufen beitragen; sie können eine gute Stelle finden und eine passende Baumart für diese Stelle aussuchen. Sie können den Baum, Gerätschaften und Erde herbeischaffen und beim Pflanzen selbst behilflich sein. Ihre Aufgabe ist es, Ihre Kinder zu begleiten und sie darauf hinzuweisen, daß sie gerade einen wichtigen ethischen Wert verwirklichen.

Ethische Hausaufgaben
Wie können wir die Welt heilen?

1. Berufen Sie eine Familiensitzung ein.
2. Fragen Sie Ihre Kinder bei dieser Sitzung, was ihrer Meinung nach mit unserer Welt los ist.
3. Schreiben Sie alles, was Ihren Kindern einfällt, auf ein Blatt Papier.

4. Schreiben Sie anschließend die einzelnen Gedanken jeweils als Überschrift auf ein neues Blatt Papier. (Sie können die Liste später natürlich jederzeit ergänzen.)

5. Machen Sie jetzt ein „Brainstorming": Denken Sie nacheinander über möglichst viele dieser Probleme nach, und sammeln Sie Vorschläge der anderen, wie man sie lösen könnte. Überlegen Sie, was Kinder, Eltern, Jugendliche, junge Erwachsene, Schulen, die Regierung, religiöse Gruppen und Bürgerinitiativen, Nachbarn, Sportmannschaften, Lehrer oder andere Menschen tun könnten, um diese Probleme in den Griff zu bekommen. Je einfallsreicher und ungewöhnlicher Ihre Lösungsvorschläge sind, desto besser. Das Sammeln von Vorschlägen hilft Ihnen, über die naheliegenden, üblichen Lösungen hinauszugehen. Tragen Sie jeden Vorschlag unter der jeweiligen Überschrift ein.

6. Setzen Sie sich zusammen, wenn Ihre Liste mit Lösungsvorschlägen fertig ist (oder Sie eine Pause vom Nachdenken brauchen), und suchen Sie sich eine Aufgabe aus, mit der Sie beginnen möchten. Es sollte etwas Konkretes sein, das Sie tatsächlich erreichen können.

7. Schreiben Sie diese Aufgabe auf die umseitige Erklärung, durch die sich Ihre Familie verpflichtet, die Welt zu heilen (oder übertragen Sie diese Verpflichtungserklärung auf ein größeres Blatt Papier).

8. Einigen Sie sich, in welchem Zeitraum Sie diese Verpflichtung erfüllen möchten.

9. Lassen Sie jedes Familienmitglied unterschreiben (oder erstellen Sie einzelne Verpflichtungserklärungen für jedes Familienmitglied).

Unsere Familie verpflichtet sich, die Welt zu heilen

Unsere Familie verpflichtet sich, als erstes folgendes zu tun, um die Welt zu heilen:

_____

_____

_____

_____

_____

_____

_____

_____

_____

_____

_____

_____

_____

_____

Wir werden versuchen, diese Aufgabe bis zum (Datum) zu erfüllen:

_____

Unterschriften der Familienmitglieder:

_____

_____

_____

_____

Ethisches Handeln kann Leben verändern

Kinder werden nicht über Nacht sensibel und mitfühlend. Diese Eigenschaften lernen sie dadurch, daß sie mit Eltern aufwachsen, die konsequent die Überzeugung leben, daß alle Menschen für das Wohlergehen der anderen verantwortlich sind. Die Eltern des Mädchens zum Beispiel, das seine Geburtstagsparty mit obdachlosen Kindern feierte, müssen sehr gute Vorbilder gewesen sein. Sonst wäre ihm nicht diese schöne Art eingefallen, wie man aus einem Anlaß, der eher dazu verleitet, eigene Bedürfnisse an die erste Stelle zu setzen, ein Fest machen kann, das Leben verändert.

Es gibt unzählige Möglichkeiten, sich als Familie Projekte vorzunehmen, die dazu beitragen, die Welt zu heilen, und die gleichzeitig dem eigenen Leben Befriedigung und Erfüllung verleihen. Mit Problemen wie Obdachlosigkeit und Umweltverschmutzung werden wir es wahrscheinlich noch lange Zeit zu tun haben. Hier sind einige weitere Möglichkeiten, wie sich Ihre Kinder an der Heilung der Welt beteiligen können, entweder einzeln oder in der Familie:

- an Projekten der Schule oder der Stadt teilnehmen, um Abfall zu sammeln und zu recyceln oder Graffiti zu entfernen,
- an einer „Wanderung gegen den Hunger" oder einem ähnlichen Projekt teilnehmen und Sponsoren dafür finden,
- mit Menschen im Altersheim sprechen oder ihnen etwas vorlesen,
- Kindern im Krankenhaus kleine Geschenke bringen,
- alten Menschen, die das Haus nicht verlassen können, oder Menschen, die AIDS haben, Essen bringen,

- an gemeinnützigen Projekten der Stadt oder von Bürgerinitiativen teilnehmen,
- für Kinder in Krisengebieten Medizin und andere notwendige Dinge sammeln.

Mit ein bißchen Phantasie können Sie sich Ihre eigenen sozialen Projekte ausdenken, die Ihren Kindern zeigen werden, was es heißt, auf diese Weise ethisch zu handeln. Diese Projekte müssen nicht außergewöhnlich oder extravagant sein. Sogar ganz einfache Dinge, wie gemeinsam einem Beamten der Stadt oder dem Herausgeber einer Zeitung einen Brief zu schreiben, können eine große und dauerhafte Wirkung auf Ihre Kinder haben, wenn dies in der Absicht geschieht, die Welt zu heilen. Sie als Eltern müssen sich lediglich bewußt sein, daß Ihre Kinder aus dem lernen, was sie tun. Und es muß für Sie ein wichtiges Anliegen sein, die Welt heil werden zu lassen; so wichtig, daß sich für Sie der Versuch lohnt, etwas dafür zu tun.

■ Andere lieben und sich selbst lieben

Es ist ein schönes Paradox der Erziehung zu emotionaler Ausgeglichenheit, daß Kinder einerseits nur für andere da sein können, wenn sie ein gesundes Selbstbewußtsein haben, andererseits ihr Selbstwertgefühl aber auch wächst, wenn sie erfahren, wie es ist, andere zu achten.

Denken Sie an das wichtige Prinzip, das der uralten Maxime „Liebe deinen Nächsten wie dich selbst" zugrundeliegt. Es ist ein einfacher Gedanke, aber er enthält eine der klügsten Überlegungen, die je über Moral angestellt wurden. Zunächst scheint er zu bedeuten, daß man alle Menschen lieben soll, aber es kommt vor allem auf die letzten beiden Worte an. Um seinen Nächsten wie sich selbst zu lieben, *muß man erst einmal sich selbst lieben.*

Jeder, der öfter im Flugzeug reist, ist mit den Vorträgen der Flugbegleiter über die Vorgehensweise im Notfall vertraut. Wenn die Sauerstoffmasken von der Decke fallen, heißt es, sollte man dafür sorgen, daß die eigene Maske festsitzt, bevor man seinen Kindern hilft. Genauso, wie Sie erst einmal Ihre eigene Maske sichern müssen, bevor sie anderen helfen können, müssen Sie sich erst selbst lieben, bevor Sie in der Lage sind, anderen Liebe zu geben.

Das heißt natürlich nicht, daß man Kindern vermitteln sollte, daß sie egozentrisch sein und die eigenen Bedürfnisse immer an die erste Stelle setzen sollen. Es geht auch in diesem Zusammenhang wieder einmal um Achtung. Psychologen bestätigen, daß Menschen, denen ein Gefühl der Selbstachtung fehlt, auch nicht in der Lage sind, andere zu lieben. Kinder werden egoistisch und verlangen immer mehr, wenn Eltern ihren Launen und Wünschen zu sehr nachgeben und ihnen nicht die Strukturen, Grenzen und Verhaltensregeln bieten, die sie brauchen. Eine starke, grundlegende Selbstliebe, die darin besteht, daß man sich selbst achtet, macht es Kindern leichter, sich zu voll einsatzfähigen, emotional gereiften und rücksichtsvollen Menschen zu entwickeln.

Setzen Sie „Nächstenliebe" in die Tat um

Die andere Seite des Paradoxes besagt, daß das Selbstwertgefühl von Kindern gestärkt wird, wenn sie sich anderen gegenüber liebevoll verhalten. Wir haben gesehen, daß Kinder einen angeborenen Sinn für Fairneß besitzen. Sie fühlen sich immer wieder durch die Tatsache enttäuscht, daß das Leben ungerecht ist. In fast jedem Alter empfinden Kinder ein natürliches Mitgefühl für Menschen in Not, vor allem, wenn es sich dabei um andere Kinder handelt. Erwachsenen geht es natürlich ebenso. Deshalb engagieren wir uns sozial. Aber weil wir Kindheit oft mit Selbstbezogenheit gleichsetzen, sind wir oft überrascht, mit welch tiefem Mitleid und welch großer Sorge Kinder der Not anderer begegnen können. Sie wissen, daß es nicht richtig ist, daß Kinder hungern müssen oder daß Familien in einem Kriegsgebiet ins Kreuzfeuer geraten. Wenn Kinder versuchen, konkrete Wege zu finden, um diese Ungerechtigkeiten zu bekämpfen, erhöhen sich ihr Selbstwertgefühl und ihre Selbstachtung.

Es hängt von Ihnen ab, ob Sie Ihren Kindern die Möglichkeit geben, den Wert der Nächstenliebe zu leben. Durch hehre Gedanken und tiefe Empfindungen über die Einheit aller Menschen können Sie Ihren Kindern diesen Wert nicht vermitteln. Sie können ihn ihnen nur nahebringen, indem Sie selbst Mitgefühl zeigen. Ihre Kinder wissen nicht, was wirklich in Ihrem Kopf und in Ihrem Herzen vor sich geht. Sie können nur durch direkte Erfahrung mitbekommen, was Sie tun.

Kinder lassen sich nicht leicht täuschen. Sie haben die beunruhigende Gabe, immer wieder die Wahrheit zu erraten. Kaum etwas hat eine verheerendere Wirkung für Eltern (oder für geistige und geistliche Lehrer), als einen Grundsatz zu predigen und nach einem anderen zu leben. Ich kann gar nicht genug betonen, daß unsere Kinder kaum auf uns hören werden, wenn das, was wir sagen, nicht dem entspricht, was wir tun. Wenn wir ihnen beibringen wollen, daß ethisch handeln bedeutet, für andere da zu sein, müssen wir diesen Wert selbst leben.

◼ Die Fähigkeit, ein moralisches Vorbild zu sein

Mir ist klar, daß es schwierig für Eltern ist, sich der großen Verantwortung bewußt zu sein, die sie dadurch auf sich genommen haben, daß sie Eltern wurden. Das Gute ist, daß wir nicht nur die Verantwortung, sondern auch die Fähigkeit haben, unsere Kinder darin zu beeinflussen, wie sie andere Menschen sehen und wie sie mit ihnen umgehen.

Wenn Sie sich als Familie derartige ethische Projekte vornehmen, können Ihre Kinder ungeheuer viel daraus lernen. Sie verwirklichen dadurch auch einige der anderen Grundsätze, die wir in diesem Buch besprochen haben. Ihr Selbstvertrauen wird gestärkt. Sie haben die Gelegenheit, ein moralisches Vorbild zu sein. Es werden Situationen geschaffen, aus denen Ihre Kinder wichtige Dinge über wertorientiertes Verhalten lernen können. Kinder können erfahren, wie wahr einige der „Lebensweisheiten" sind, die uns am meisten am Herzen liegen. Kinder aller Altersstufen können sich auf einem Niveau beteiligen, das der Entwicklungsstufe ihres moralischen Urteilsvermögens angemessen ist. Das Wichtigste von allem ist vielleicht, daß Ihre Kinder lernen, daß Sie als Familie Dinge unternehmen können, um Ihre Werte zu verwirklichen.

Wenn ethische Erziehung erfolgreich sein soll, muß man seinen Kindern vermitteln, daß von ihnen einiges abhängt. Kinder müssen mit unserer Hilfe entdecken, daß sie trotz der vielen Probleme, die es in der Welt gibt, auch in die dunkelsten Winkel Licht, Freude und Liebe tragen können. Unsere Aufgabe ist es, unseren Kindern zu vermitteln, daß sie beim Blick auf ihr eigenes Leben erkennen, daß die wirklich wichtigen Ereignisse nicht in den Schlagzeilen stehen, sondern in den kleingedruckten Notizen über alltägliche Begegnungen mit Menschen, deren Leben sie in irgendeiner Weise berührt haben.

Wie Kinder durch soziales Engagement ethisch handeln lernen können

- Seien Sie sich bewußt, daß Kinder das Bedürfnis haben, sich mit anderen Menschen verbunden zu fühlen.
- Geben Sie Ihren Kindern die Möglichkeit, durch soziales Engagement ethisch zu handeln.
- Regen Sie Ihre Familie zu Projekten an, die dazu beitragen, die Welt zu heilen.
- Stärken sie das Selbstwertgefühl Ihrer Kinder dadurch, daß Sie sie durch Ihr Beispiel dazu anregen, eigene soziale Projekte zu entwickeln.

Regel Nr. 10:
Vermitteln Sie Ihren Kindern, daß das Leben einen Sinn hat

Wenn mein Kind nur eine Sache von mir lernen könnte, so würde ich ihm beibringen, daß das Leben einen Sinn hat. Nur wenn Kinder erkennen, daß ihr Leben Sinn hat, können sie sich voll bewußt werden, daß es wichtig ist, was sie tun, was sie sagen und wer sie sind.

Wir sind nun bei der vielleicht größten Herausforderung ethischer Erziehung angelangt: Ihren Kindern die Überzeugung zu vermitteln, daß ihr Leben letztendlich Sinn hat. Meist leben wir nur so von Tag zu Tag, befangen in unserer Routine, ohne auf viel mehr zu achten als den jeweiligen Augenblick. Wir verlieren dann leicht die größeren Visionen aus dem Auge, die wir vielleicht anstreben. Wenn wir unseren Kindern diese Visionen weitergeben können, wenn wir zutiefst überzeugt sind, daß es im Leben höhere Ziele gibt, und wenn wir ihnen diese Überzeugung auf liebevolle Weise vermitteln können, dann haben wir unsere Aufgabe als Eltern erfüllt.

Wie man denkt, so wird man werden

Praktisch gesehen, hat das Leben grundsätzlich dann einen Sinn, wenn wir so leben, als hätte es einen Sinn. Wenn unsere Kinder so leben, als ob sie täglich Sinn und

Bedeutung in die Welt tragen könnten, dann wird genau dies passieren. Das Leben selbst wird ihnen zeigen, daß ihr Leben Sinn und Bedeutung hat.

Ich glaube, ich kenne das Geheimnis, wie man diesen Sinn findet. Ich kann dies in aller Zuversicht und Bescheidenheit behaupten, denn es ist kein Geheimnis, das ich selbst entdeckt habe. Es ist Bestandteil vieler spiritueller Traditionen und seit Tausenden von Jahren für die Menschen ein Weg, Freude, Erfüllung und Zufriedenheit zu erlangen. Sie finden dieses Geheimnis nicht nur in alten heiligen Texten, sondern auch in Managerkursen und vielen Lebenshilfe-Ratgebern, die in Buchform oder auf Kassette erscheinen und Menschen dabei behilflich sein wollen, ihr Potential voll zu entfalten.

Dieses Geheimnis läßt sich auf direkte Weise so ausdrücken: „Wie man denkt, wird man auch werden."

Eine andere Art, es zu formulieren, lautet: „Was man sich vorstellen und woran man glauben kann, kann man auch vollbringen."

Dieser Gedanke war in allen Kulturen der Welt seit vielen Generationen und für Menschen aus allen Bereichen des Lebens schon immer der Schlüssel zum Erfolg. Er steht hinter jeder politischen Bewegung, jeder technischen Erfindung, jedem philosophischen Gedanken und hinter jedem Kunstwerk. Alles, was je durch Menschen geschaffen wurde, begann als Vision eines einzelnen.

Deshalb müssen wir unsere Kinder dazu bringen, das Leben als eine Erfahrung zu betrachten, die unzählige Möglichkeiten birgt. Eine solche Haltung fördert kreatives Denken und die emotionale und spirituelle Entwicklung von Kindern. Sie macht ihnen bewußt, daß sie die Möglichkeit haben, auf die Welt verändernd einzuwirken. Wir sind dafür verantwortlich, unsere Kinder für die

Idee zu begeistern, daß eine bessere Welt möglich ist, und wir müssen sie dazu ermuntern, ihren Beitrag zu leisten, um diese bessere Welt Wirklichkeit werden zu lassen. Durch uns sollen sie erkennen, daß es von ihnen abhängt, wie ihre Welt beschaffen ist.

Wir sind wie Kieselsteine in einem Teich

In einem gewissen Sinn lebt eigentlich niemand in „der Welt". Wir leben in kleinen, sich überschneidenden Kreisen von Beziehungen. Unser Verhalten scheint innerhalb dieser Kreise die größten Auswirkungen zu haben: in der Familie, bei den Freunden, bei Bekannten, Mitarbeitern und Arbeitskollegen und bei den Fremden, die uns begegnen. Alles menschliche Leben besteht aus solchen Kreisen, die sich gegenseitig beeinflussen und in die Welt hinaus wirken. Wenn wir in unserem Leben Sinn und positive Werte schaffen, werden unsere Handlungen wie Kieselsteine sein, die man in einen Teich wirft und die kleine Wellen hervorrufen, die das Leben von Menschen weit außerhalb unserer Kreise beeinflussen.

■ Wie Sie Ihren Kindern helfen können, Kraft durch eine positive Einstellung zu schöpfen

Dadurch, daß Ihre Kinder selbst entscheiden, wie sie sich verhalten wollen, können sie nicht nur ihr Leben gestalten, sondern auch darüber bestimmen, wie sie auf Umstände in ihrem Leben reagieren, die ihnen von außen aufgezwungen wurden. Deshalb ist die jeweilige Einstellung der wichtigste Faktor, wenn es um die Entscheidungen geht, die dem Leben Sinn verleihen.

Es gibt ein berühmtes Zitat, das Thomas Edison zugeschrieben wird: „Ich habe tausend Arten entdeckt, wie man keine elektrische Glühbirne herstellen kann." Daß Edison so phänomenale Erfolge verbuchen konnte, lag hauptsächlich an seiner unglaublich beharrlichen und optimistischen Einstellung, an seiner Überzeugung, daß er auch nach tausend Fehlschlägen noch Erfolg haben würde. Für Ihre Kinder könnte es kaum ein besseres Vorbild geben, was ihre Einstellung dem Leben gegenüber betrifft.

Als Eltern müssen wir in unseren Kindern diese positive Erwartungshaltung fördern. Es spielt natürlich keine Rolle, ob Ihr Kind ein berühmter Erfinder wird (oder ein Arzt, ein Raumfahrtexperte, ein Dirigent, ein Fahrkartenkontrolleur, ein Lehrer, Sportler, Baumpfleger oder Taxifahrer). Worauf es ankommt, ist, daß Ihr Kind in der Lage sein wird, aus einer Notlage das Beste zu machen, was immer ihm in seinem Leben auch zustoßen wird.

Es hängt sogar hauptsächlich von unserer Einstellung ab, ob wir das Leben als positiv oder negativ *erfahren*. Von unserer Einstellung und nicht von unseren Lebensumständen hängt ab, wie wir uns selbst und die Welt sehen. Unsere Einstellung ist es, die uns das Gefühl gibt, über unser Leben bestimmen zu können. Es ist unsere Einstellung, die uns das Gefühl von Zufriedenheit gibt. Es ist unsere Einstellung, die auch Frustrationen spannend erscheinen lassen kann, die aus Enttäuschung Hoffnung und aus Niederlagen Erfolge machen kann.

Ziele, Träume und Visionen, die dem Leben Halt geben können

Eine beeindruckende Veranschaulichung dessen, wie wichtig unsere Einstellung gegenüber dem Leben sein kann, bietet das Werk von Viktor Frankl. Der weltberühmte Psychiater wurde während des zweiten Weltkrieges im Vernichtungslager Auschwitz interniert. Dort beobachtete er Tausende von Menschen, die unter den brutalsten und menschenverachtendsten Umständen um ihr Leben kämpften. Bald war er von der Frage fasziniert, warum einige dieser Menschen starben und andere weiterlebten. Als er aus dem Konzentrationslager befreit wurde, entschloß er sich, den Rest seines Lebens der Beantwortung dieser Frage zu widmen.

In seinem beeindruckenden Buch *Das Leiden am sinnlosen Leben* teilt Frankl uns seine Erkenntnisse darüber mit, von welchen Faktoren es abhing, welche der Gefangenen überlebten und welche umkamen. Er fand heraus, daß der Überlebenswille eines einzelnen auf der Überzeugung beruhte, daß es etwas gab, für das es sich zu leben lohnte – ein Ziel, ein Traum, eine Vision, die größer war als das Ich. Für manche bestand das Ziel darin, einen geliebten Menschen wiederzusehen. Für andere war es das Erreichen eines Lebenszieles. Wieder anderen ging es einfach um Rache an den Nazis. Was jedoch alle diese Menschen von den anderen unterschied, was ihnen die Kraft und den Antrieb gab, unter diesen extrem erniedrigenden Bedingungen völliger Machtlosigkeit am Leben zu bleiben, war jenes Gefühl, eine Sendung zu haben.

Ich spreche an dieser Stelle über Viktor Frankls Erfahrungen, um Ihnen zu zeigen, daß das Prinzip das gleiche ist, ob es nun um das Überleben geht oder „nur" um ein erfülltes Leben, wie es sich alle Eltern für ihre Kinder wünschen. Erfolg und Mißerfolg hängen nicht von äußeren Umständen ab, noch nicht einmal in Auschwitz. Welche Schicksalsschläge Ihr Kind auch erleiden mag – letztendlich hängt es von seiner Einstellung ab, welche

Auswirkungen diese Schicksalsschläge auf sein Leben haben.

Ich verbringe nun schon mehr als zwanzig Jahre damit, Familien in traumatischen und tragischen Situationen zu helfen und sie zu beraten, wenn ihr Leben von Frustration und Mißerfolg geprägt ist. Immer wieder darf ich dabei Zeuge sein, wie familiäre Beziehungen überraschend wiederhergestellt werden, wie Leben heil wird, wie Tragödien zu Triumphen werden und Verzweiflung zu seelischer Erneuerung führt. Ich glaube, daß keine dieser wunderbaren Umkehrungen möglich wäre ohne Hoffnung auf die Zukunft und ohne den Glauben daran, daß Menschen sich ändern, reifen und durch ihr Verhalten die Dinge entscheidend beeinflussen können.

Schenken Sie Ihren Kindern diese Quelle immer neuer Kraft

Aus diesem Grund glaube ich, daß Sie Ihren Kindern ein bleibendes Geschenk machen, wenn Sie diese positive Einstellung in ihnen fördern. Ich glaube, diese Eigenschaft ist die wichtigste Voraussetzung für Erfüllung und Zufriedenheit. Das Wunderbare ist, daß Ihren Kindern auf diese Weise die primäre Verantwortung für ihr Leben in die Hände gelegt wird.

So wird diese Eigenschaft tatsächlich zu einer Quelle immer neuer Kraft. Als Eltern können Sie Ihre Kinder nicht vor jedem Unheil bewahren, so sehr Sie dies auch versuchen mögen. Sie können nicht in jedem Augenblick da sein, um auf sie aufzupassen und sie zu beschützen. Sie können nicht bestimmen, was sie essen sollen und was nicht oder sie jedesmal an die Hand nehmen, wenn sie die Straße überqueren. Sie haben keine Kontrolle über die Wahl ihrer Freunde oder Kameraden.

Eltern zu sein bedeutet in gewissem Sinne, sein Leben lang die Luft anhalten und loslassen zu müssen.

Sie können jedoch versuchen, alles zu tun, damit Ihre Kinder während der wichtigen Jahre ihrer Entwicklung zu der Einstellung gelangen, daß sie ihr Leben im positiven Sinne beeinflussen können. Alle Ereignisse des Lebens sind irgendwann vorbei. Aber die Einstellung Ihrer Kinder diesen Ereignissen gegenüber hat einen bleibenden Einfluß auf ihr Leben. Sie können Ihren Kindern vermitteln, daß sie *immer* in der Hand haben, wie sie auf ihre Lebensumstände reagieren wollen, auch wenn sie keinen direkten Einfluß auf diese selbst zu haben scheinen.

Das Gefühl von Machtlosigkeit führt zu verantwortungslosem Handeln

Sie denken vielleicht, daß ich diesen Punkt zu sehr strapaziere. Ich lege soviel Wert darauf, daß es zwischen ethisch geleitetem Handeln und dem Gefühl, sein Leben in der Hand zu haben, einen engen Zusammenhang gibt. Wenn man das Gefühl hat, machtlos zu sein und den Verlauf seines Lebens nicht beeinflussen zu können, so hat dies eine verheerende und schwächende Wirkung. Alle möglichen negativen Verhaltensweisen können dann gerechtfertigt werden: „Ich habe keinen Einfluß auf mein Leben. Es ist egal, was ich tue. Ich bin unwichtig." Menschen, die so denken, sind für die meisten gewalttätigen und unsozialen Handlungen in dieser Welt verantwortlich. Wenn wir unseren Kindern helfen, eine positive innere Einstellung zu entwickeln, können sie dieses Gefühl überwinden.

Sie wissen schon, wie Sie das bewerkstelligen können, nämlich indem Sie Ihren Kindern die Möglichkeit geben, ihre Fähigkeiten kennenzulernen und unter Beweis zu stellen. Geben Sie ihnen Aufgaben, die sie gut machen können. Wenn Sie ihnen Verantwortung übertragen, geben Sie ihnen das Gefühl, etwas erreichen zu können. Damit tun Sie mehr für Ihre Kinder als alles akademische Wissen, das diese sich je aneignen mögen.

■ Messen Sie Ihre Kinder nicht an äußeren Erfolgen, sondern an moralischen Maßstäben

Vergessen Sie dabei nicht, daß es wichtig ist, Ihre Kinder durch Ihre Worte und Taten spüren zu lassen, daß Sie sie akzeptieren und achten und das nicht wegen ihrer äußeren Erfolge, sondern um ihrer inneren Werte willen. Ihre Kinder sollten immer wieder erleben, daß Sie andere nach ihrem Charakter beurteilen und nicht nach der Größe ihres Hauses, ihres Autos oder ihres Geldbeutels. Wenn Sie andere nach ihren materiellen Erfolgen beurteilen, werden Ihre Kinder automatisch davon ausgehen, daß Sie auch ihren Wert an diesem Maßstab messen.

Es kommt darauf an, daß Sie Ihre Bewunderung für die ethischen Werte anderer mit den Erwartungen verknüpfen, die Sie an Ihre Kinder haben. Beurteilen Sie Ihre Kinder nach denselben Maßstäben, nach denen Sie andere beurteilen. Äußern Sie sich anerkennend, wenn Ihre Kinder Mitgefühl zeigen und in ihren Entscheidungen ethisches Bewußtsein erkennen lassen. Loben Sie sie nicht für „Errungenschaften", die nur mit dem Ansammeln von Gegenständen zu tun haben.

Ein Beispiel für die ausschließliche Konzentration auf äußere Erfolge von seiten der Eltern – ohne daß ihnen dies bewußt sein muß – sind die Schulnoten. Gute Schulnoten können zu einer Ware werden, die wegen ihres Tauschwertes für wichtig gehalten wird, denn man kann sie gegen Geld oder Privilegien eintauschen. Ich persönlich bin der Meinung, daß die Erfahrung selbst an Wert verliert, wenn Kinder für gute Noten bezahlt werden. Wenn Noten nicht mehr für persönliche Erfolge stehen und zu Handelsobjekten eines Warenmarktes degradiert werden, lernen Kinder, daß das Leben ein Tauschgeschäft ist.

Mir wäre es lieber, wenn Kinder ihre Erfolge um ihrer selbst willen schätzten. Ich fände es besser, wenn sie Noten als Ausdruck ihres Engagements sehen würden. Ich würde sie eher für ihre Verläßlichkeit belohnen, die sie dadurch bewiesen haben, daß sie eine bestimmte Verpflichtung gegenüber ihren Lehrern, ihren Eltern oder sich selbst eingehalten haben. Dann hätten sie zum Beispiel eine Belohnung verdient, wenn sie eine bestimmte Anzahl von Stunden mit ihren Hausaufgaben verbracht haben oder wenn sie ihre Prioritäten richtig gesetzt haben, indem sie daheim geblieben sind, um eine Aufgabe zu Ende zu bringen, anstatt mit Freunden wegzugehen. Auf diese Weise bezieht sich die Belohnung nicht auf die Noten selbst, sondern auf die Charaktereigenschaften, die sie symbolisieren. Aus diesen Charaktereigenschaften sollen unsere Kinder ihr Selbstwertgefühl ziehen – nicht aus dem, was sie bekommen, sondern daraus, wie sie sich in bezug auf andere sehen.

Unser Wert liegt in dem, was wir geben

Das ist die grundlegende Wahrheit, die hinter dem Sprichwort „Geben ist seliger als Nehmen" steht. Die meisten Menschen interpretieren diesen Satz als eine Art

184

milden Altruismus, der bedeutet, daß man sich beim Geben von Geschenken wohler fühlen „sollte" als wenn man selbst welche bekommt. Dieses Sprichwort sagt jedoch eigentlich etwas über den wesentlichen Unterschied zwischen dem Selbstwertgefühl der „Geber" und dem der „Nehmer" dieser Welt. Die „Geber" begegnen anderen Menschen mit der Einstellung: „Wie kann ich etwas in deinem Leben verändern, wie kann ich es bereichern, wie kann ich es verbessern?" Es gibt nur wenige Dinge, die schöner sind als das Gefühl, etwas im Leben eines anderen bewegt zu haben. Auf das Geben in diesem Sinne bezieht sich das Sprichwort und nicht auf das Verteilen von materiellen Geschenken.

Die „Nehmer" dieser Welt sind diejenigen Menschen, die das Leben aus der Perspektive von Entbehrung, Mangel und Knappheit betrachten. Die Welt erscheint ihnen, wie Kindern eine Schachtel Süßigkeiten erscheinen mag, die in einem überfüllten Wohnzimmer herumgereicht wird. Die Kinder wissen, daß sie schnell handeln und ihre Ansprüche geltend machen müssen, denn sonst wird nichts mehr in der Schachtel sein, bis sie die Runde zu ihnen gemacht hat.

Für viele ist das Leben ein Spiel, bei dem es darauf ankommt, die Schachtel mit den Süßigkeiten an sich zu reißen. Wenn diese Menschen das Leben als etwas betrachten könnten, bei dem es hauptsächlich um Liebe geht und nicht um Dinge, dann hätten sie viel weniger Angst vor Verlusten. Liebe gibt es in unbegrenzten Mengen im Gegensatz zu einer Schachtel Süßigkeiten, die bezeichnenderweise oft als ein Symbol der Liebe verschenkt wird. Für Kinder (und Erwachsene) ist es allzu leicht zu glauben, daß die Liebe ebenfalls fort ist, wenn das Symbol nicht mehr da ist. Deshalb sind so viele versessen auf die Symbole, sei es auf Geld für Noten, auf Schachteln mit Süßigkeiten, auf Autos oder auf Schmuck.

Andere wiederum erkennen, daß die Symbole nur Äußerlichkeiten sind, während Liebe etwas Tieferes, Grenzenloses ist. Charakterstarke Kinder großzuziehen bedeutet, daß wir innerhalb unserer Familie ein Umfeld schaffen, in dem Kinder aus erster Hand lernen, was der Unterschied zwischen Liebe und deren Symbolen ist – der Unterschied zwischen richtigem Verhalten um seiner selbst willen und richtigem Verhalten um einer äußerlichen Belohnung willen.

■ Drei Möglichkeiten, ein liebevolles Umfeld zu schaffen

Als Eltern beruht Ihre gesamte Autorität letztendlich auf Liebe. Wenn Sie Ihren Kindern Ihre Liebe nicht täglich auf viele verschiedene Arten zeigen, können Sie kaum die Voraussetzungen schaffen und aufrechterhalten, die nötig sind, um das Leben Ihrer Kinder positiv zu beeinflussen.

Unseren Kindern Zeit und Aufmerksamkeit zu schenken, sind, wie bereits gesagt, zwei wichtige Arten, wie wir ihnen unsere Liebe zeigen können. Wenn wir jemandem Zeit schenken, dieses kostbare und unwiederbringliche Gut, wird er unweigerlich das Gefühl haben, daß er uns wichtig ist. Wenn wir jemandem unsere ungeteilte Aufmerksamkeit schenken, wird er sich dadurch emotional gestärkt fühlen, denn wir haben ihm gezeigt, daß er unsere Aufmerksamkeit verdient.

Deshalb ist es für die Erziehung ein so wichtiger Faktor, unseren Kindern die Gewißheit zu vermitteln, daß wir da sind, wenn sie uns brauchen, und daß wir ihnen zuhören. Jedes Kind braucht Zärtlichkeit, emotionale ebenso wie körperliche. Indem wir unseren Kindern zuhören und ihnen unsere volle Aufmerksamkeit schenken, lassen wir sie auf einfache Weise wissen, daß wir auf ihrer Seite sind.

Oft können wir nichts tun, um ihnen zu helfen oder ihre Probleme zu lösen. Wir können nicht immer auf einem weißen Schlachtroß herbeireiten, um für sie in den Kampf zu ziehen. Aber wir können ihnen die Gewißheit geben, daß wir hinter ihnen stehen, daß sie uns nicht egal sind und daß wir immer für sie da sein werden. Durch diese Sicherheit, durch diese unumstößliche Gewißheit, daß wir sie lieben und unterstützen, können sie die innere Stärke finden, die sie brauchen, um selbst gegen ihre Drachen zu kämpfen.

Ein Umfeld, in dem es Liebe gibt, ist ein Umfeld, in dem es Sinn gibt. Es existiert zwar kein Patentrezept, wie Sie Ihren Kindern vermitteln können, daß das Leben Sinn und Bedeutung hat, aber es gibt einige praktische Techniken, mit deren Hilfe Sie im Alltag ein unterstützendes und liebevolles Umfeld schaffen können, das Ihren Kindern diese Einsicht ermöglicht.

Methode 1: Machen Sie Ihren Kindern Mut

Regen Sie Ihre Kinder dazu an, sich mit Dingen zu beschäftigen und Beziehungen und Verpflichtungen einzugehen, die ihr Selbstvertrauen stärken. Jedes Kind hat Stärken und Schwächen. Jedes Kind widmet sich bestimmten Beschäftigungen und Unternehmungen lieber als anderen. Gute Eltern ermutigen ihre Kinder, Dinge zu tun, die ihnen Spaß machen, auch wenn sie selbst keinerlei Verständnis für diese Vorlieben haben. Zu viele

Eltern schicken ihre Kinder zum Tennisspielen, zum Fußball, ins Ballett oder in die Klavierstunde, nur weil sie beschlossen haben, daß diese Dinge „gut für sie sind". Dies ist eine todsichere Methode, Ärger und Unglück hervorzurufen. Manchmal vergehen viele Jahre, bevor jemand sich auch nur in Gedanken wieder mit etwas befassen kann, wozu er in der Kindheit gezwungen wurde.

Wenn Sie Ihren Kindern helfen, herauszufinden, was sie gerne tun, werden Sie in jedem Fall mehr Erfolg haben, als wenn Sie sie zu etwas zwingen, das sie nicht gerne tun. Ihre Kinder sollten an Aktivitäten teilnehmen, die ihnen Freude bereiten. Dann können sie eine positive Meinung von sich selbst und dadurch auch vom Leben entwickeln. Und da wir alle gerne Dinge tun, in denen wir gut sind, ist dies unweigerlich auch eine Erfahrung, die das Selbstvertrauen stärkt und Selbstbestätigung gibt.

Methode 2: Achten Sie darauf, wie Sie mit Ihren Kindern sprechen

Denken Sie daran, daß Worte genauso verletzen können wie Schläge. Ein Selbstbild, das durch Worte des Zorns oder sarkastische Kommentare zerstört worden ist, erholt sich vielleicht nie mehr. Worte sind eines der stärksten elterlichen Einflußmittel. Sie können bewirken, daß ein Kind sich wie ein Star fühlt oder wie das wertloseste menschliche Geschöpf auf Erden.

Eltern sind leider oft blind für die zerstörerische Wirkung, die ihre Worte haben können. Jeder erinnert sich an Dinge, die ihm Eltern oder Lehrer gesagt haben und die ihn emotional verletzt und sein Selbstwertgefühl untergraben haben. Bis zu dem Alter, in dem bei Kindern der Prozeß der Individuation beginnt, bei dem sie sich emotional von ihren Eltern abgrenzen, sind Mutter und Vater die höchsten Autoritäten in allen Bereichen des Lebens. Eltern haben bis dahin einen fast gottähnlichen Status – was immer sie sagen, ist die Wahrheit.

Achten Sie darauf, was Sie zu Ihren Kindern sagen, üben Sie verbale Selbstkontrolle. Ich meine damit nicht, daß ein gelegentliches Wort, das im Zorn gesprochen wird, das Selbstwertgefühl eines Kindes für immer zerstört. Wir verlieren alle hin und wieder die Fassung. Ich glaube, wir können unsere Kinder manchmal auch durch eine nachdrückliche Ermahnung unsere Liebe spüren lassen und ihnen zeigen, daß uns ihr Wohlergehen sehr am Herzen liegt. Was tatsächlich die Fähigkeit eines Kindes zerstört, im Leben Sinn und Bedeutung zu erkennen, sind kontinuierliche und systematische verbale Kränkungen. Dies kann ebenso zerstörerisch wirken, wie ein Kind in Isolation zu halten, denn es bekommt dadurch dieselbe Botschaft – daß es Ihre Liebe nicht verdient.

Verbale Selbstkontrolle bedeutet, daß man Richtlinien für das eigene Verhalten und für das Verhalten des Kindes erstellt. Durch sie lernt ein Kind, was es heißt, andere zu achten, und es lernt, welche Verhaltensweisen Sie von ihm erwarten. Sie können Ihrem Kind schon in kleinen Dingen zeigen, daß Sie es als Mensch achten und respektieren, egal wie alt es ist. Zum Beispiel, indem Sie „bitte" und „danke" zu ihm sagen.

Verbale Selbstkontrolle bedeutet, daß man im voraus Entscheidungen trifft. Sie bedeutet, daß Sie sich gemeinsam mit Ihrem Partner überlegen, welche verbalen Botschaften Sie Ihren Kindern vermitteln und welche Sie vermeiden wollen. Wenn Sie sich darüber im klaren sind, ist es leichter, festzulegen, welche Ausdrücke und Worte Sie benutzen und welche Sie vermeiden wollen, wenn Sie ihre Kinder zurechtweisen.

Setzen Sie sich mit Ihrem Partner zusammen, und füllen Sie die „Anleitung zu verbaler Selbstkontrolle" auf Seite 192 aus. Benennen Sie zuerst die Ziele, die Ihre Kinder durch Ihre Erziehung erreichen sollen: Selbstwertgefühl, Sinn für soziale Verantwortung und eine bestimmte Art des Umgangs mit Gleichaltrigen, Autoritätspersonen und anderen Erwachsenen. Notieren sie als nächstes, wie Sie durch das, was Sie sagen und durch positive Worte Ihren Kindern helfen können, diese Ziele zu erreichen. Machen sie zum Schluß eine Liste aller beleidigenden, entwürdigenden und demütigenden Ausdrücke, die Sie Ihren Kindern gegenüber vermeiden wollen.

Diese Liste können Sie in Zukunft immer wieder zu Rate ziehen. Einige Eltern, die ich kenne, lesen ihre Liste mindestens einmal täglich durch, um die positiven und negativen Ausdrücke immer im Gedächtnis zu behalten. Niemand ist perfekt, und es wird immer wieder vorkommen, daß Ihnen etwas herausrutscht. Aber wenn man eine konkrete Liste mit verbalen Geboten und Verboten hat, fällt es leichter, die guten Seiten in sich selbst und in den Kindern hervorzukehren.

Methode 3: Zeigen Sie Ihren Kindern, daß von ihnen einiges abhängt

Verpassen Sie keine Chance, Ihren Kindern zu zeigen, daß in der Welt einiges von ihnen abhängt. Bestärken Sie sie darin, unabhängig zu sein und sich selbst auszudrücken. Schaffen Sie zu Hause ein Umfeld, in dem jeder frei über die Dinge sprechen kann, die ihn bewegen. Zeigen Sie Ihren Kindern, daß sie Ihre Achtung verdient haben, indem Sie sich ihre Meinungen anhören und vielleicht auch manchmal ihre Anregungen aufgreifen und bestimmte Handlungsweisen ändern. In jedem Bereich der Erziehung gehen Liebe und Respekt Hand in Hand. Wenn Ihre Kinder das Gefühl haben, daß Sie sie achten, werden sie sich von Ihnen auch geliebt fühlen.

Nehmen Sie jede Gelegenheit wahr, Ihre Kinder daran zu erinnern, daß sie einzigartig sind. Kinder wünschen sich oft, jemand anderes zu sein – das Mädchen aus der Straße, das so viele Freunde hat, der Fußballstar, das Kind, das so mühelos gute Noten zu schreiben scheint oder das Kind, das immer so selbstsicher auftritt. Für Kinder ist es schwer einzusehen, daß sie nie besser als das Original sein können, so sehr sie auch versuchen mögen, wie jemand anderes zu sein. Gleichzeitig kann sie aber auch niemand darin übertreffen, so zu sein wie sie.

Deshalb ist es so wichtig, daß Ihr Kind das Wunder seiner Einzigartigkeit erkennt. Unter den Milliarden von Menschen, die je gelebt haben oder je leben werden, gibt es Ihr Kind kein zweites Mal. Einen solchen Menschen kann es nicht noch einmal geben, und daher ist die eigentliche Aufgabe, die es erfüllen muß, während es auf der Erde lebt, genau dieser einzigartige Mensch zu sein und sich als dieser Mensch voll zu entfalten.

Anleitung zu verbaler Selbstkontrolle

Ziele verbaler Botschaften
Was will ich meinen Kindern durch das, was ich sage,
vermitteln (Verhaltensweisen, Selbstwertgefühl etc.)?

_____

_____

_____

_____

_____

_____

_____

Ausdrücke, die ich gebrauchen will
Positive Worte, die ich kontinuierlich einsetzen will,
damit meine Kinder diese Ziele erreichen:

_____

_____

_____

_____

_____

Ausdrücke, die ich vermeiden will
Welche negativen Ausdrücke und Worte will ich im
Umgang mit meinen Kindern nicht verwenden?

_____

_____

_____

_____

_____

■ Seien Sie als Erwachsene so, wie Ihre Kinder einmal werden sollen

Am Schluß dieses Buches möchte ich Sie noch einmal auf das Prinzip hinweisen, das allen Kapiteln zugrundeliegt: die Kraft Ihres Vorbildes. Wenn ich den Inhalt dieses Buches in einem Satz zusammenfassen könnte, so würde er ganz einfach lauten: *Seien Sie die Art Mensch, zu der Ihre Kinder heranwachsen sollen.* Ich glaube wirklich, daß dieses Buch und ähnliche andere überflüssig wären, wenn alle diesen Rat befolgen würden.

Es ist eine große Herausforderung, sich selbst nach denselben Maßstäben für ethisch geleitetes Verhalten, Charakter und persönlichen Wert zu beurteilen wie die eigenen Kinder. Wenn Sie sich selbst gegenüber kein gutes Gefühl haben, was Ihre Werte, Ihre Zuverlässigkeit, Ihren Umgang mit anderen und Ihren Beitrag zum gemeinschaftlichen Zusammenleben in der Gesellschaft betrifft, wie können Sie dann ethisch begründetes Verhalten von Ihren Kindern erwarten?

Mut zum Engagement

Die Aufgabe, Kinder zu ethisch geleitetem Verhalten zu erziehen, erfordert viel Mut, Optimismus und eine tiefe Zuversicht. Es zu versuchen, obwohl man weiß, daß es viele Dinge gibt, auf die man keinen Einfluß hat, ist wahrlich ein Akt der Liebe. Es wäre leicht, einfach das Handtuch zu werfen und dem allgemeinen Materialismus, dem Konsumdenken und dem Streben nach sofortiger Befriedigung der Bedürfnisse nachzugeben. Wenn Sie trotz allem lernen möchten, wie Sie Frustrationen überwinden und Ihr Bestes tun können, um Ihren Kindern eine grundlegende Wertorientierung und ein Bewußtsein für moralisches Verhalten mitzugeben, können sie stolz auf Ihren Einsatz und Ihr Engagement sein.

Allein die Tatsache, daß Sie sich Gedanken machen und sich Zeit genommen haben zu überlegen, welche Einstellungen, Verhaltensweisen und Fähigkeiten nötig sind, um Ihren Kindern all dies mitzugeben, zeigt, daß Sie ein tiefes Vertrauen in sich selbst, in Ihre Kinder und in die Zukunft der Welt haben. Jedesmal, wenn Sie Ihren Kindern durch Worte und Taten demonstrieren, was es heißt, ein ethisch handelnder Mensch zu sein, legen Sie damit ein Bekenntnis ab: Sie glauben, daß ein einzelner Mensch durch sein Verhalten tatsächlich etwas ändern kann. Und diese Überzeugung ist wichtig genug, um sie immer und immer wieder weiterzugeben, bis alle Menschen auf dieser Welt sie teilen.

Wir haben wiederholt festgestellt, daß es keine endgültigen Antworten gibt, keine Geld-zurück-Garantien und keine unfehlbaren Methoden. Trotzdem glaube ich fest daran, daß das Leben Sinn und Bedeutung hat und daß Sie gemeinsam mit Ihren Kindern diesen Sinn entdecken können. Ich glaube, Sie können Ihren Kindern bewußt machen, daß sie die Kraft haben, in der Welt um sie herum etwas zu ändern. Ich habe Ihnen viele Ideen und praktische Methoden an die Hand gegeben, wie Sie Ihre Kinder dazu ermutigen können, zu entdecken, daß ihr Leben Sinn hat. Eines ist jedoch sicher: Wenn es für alle Eltern dieser Welt ein so großes Anliegen wäre, charakterstarke Kinder großzuziehen, wie für Sie, dann würde diese Welt werden, was sie sein kann.

Also: Haben Sie den Mut, unvollkommen zu sein. Haben Sie den Mut, Fehler zu machen, und zuzugeben, wenn Sie sich geirrt haben. Haben Sie den Mut zu glauben, daß Ihre Kinder Sie trotz Ihrer Fehler lieben werden.

Haben Sie den Mut, Ihre Kinder an den wichtigen Entscheidungen Ihres Lebens teilhaben zu lassen. Und haben Sie bei allem noch den Mut, darauf zu vertrauen, daß Ihre Kinder zu emotional ausgeglichenen, mitfühlenden und ethisch handelnden Menschen heranwachsen werden. Wenn Sie diesen Mut haben, wird jeder Tag ein Grund zu feiern sein und die Welt, die unsere Kinder sich erschaffen werden, wird eine Welt moralischer Visionen sein, eine Welt der Liebe und eine Welt des Friedens.

Wie Sie Ihren Kindern vermitteln können, daß ihr Leben Sinn hat

■ Machen Sie sich bewußt, daß wir unserem Leben dadurch Sinn verleihen, daß wir eine positive Erwartungshaltung einnehmen.

■ Zeigen Sie Ihren Kindern, daß das Leben unendlich viele Möglichkeiten birgt, es positiv zu beeinflussen und die Welt zu verändern.

■ Helfen Sie Ihren Kindern, ihre Fähigkeiten kennenzulernen, aber konzentrieren Sie sich in Ihrer Anerkennung und in Ihrem Lob auf die ethischen Verhaltensweisen und die ethische Entwicklung Ihrer Kinder.

■ Ermutigen Sie Ihre Kinder zu ethisch geleitetem Verhalten, indem Sie ihnen Ihre Liebe zeigen.

■ Verpassen Sie keine Gelegenheit, Ihren Kindern zu zeigen, daß in der Welt einiges von ihnen abhängt.

■ Seien Sie als Erwachsener so, wie Ihre Kinder einmal werden sollen.

Nachwort:
Die Wurzeln unserer Ethik

Mein Anliegen beim Schreiben dieses Buches war, mein Verständnis der grundlegenden Prinzipien unserer Ethik zu vermitteln. Ich bin dabei von der Annahme ausgegangen, daß es ethische Grundsätze gibt, die für alle Menschen gelten müssen, wenn diese Welt eine Chance haben soll zu überleben.

Betrachten Sie zum Beispiel diese Liste einfacher Prinzipien oder „Lebensregeln", die wohl jeder für ethisch begründet halten würde:

1. Erkenne Freiheit als ein menschliches Grundrecht an.
2. Richte dich nicht nach Werten, die deiner Würde als Mensch schaden.
3. Sei jemand, auf den man sich verlassen kann.
4. Nimm dein Leben selbst in die Hand, und erfülle es mit Sinn.
5. Ehre und respektiere die Mitglieder deiner Familie.
6. Achte die Heiligkeit menschlichen Lebens.
7. Bemühe dich um liebevolle, vertrauensvolle Beziehungen zu anderen Menschen.
8. Stiehl nicht.
9. Lüge nicht.
10. Sei dankbar für das, was du hast.

Kommt Ihnen diese Liste irgendwie bekannt vor, wie ein alter Freund, den man nach Jahren auf der Straße wiedertrifft? Die meisten Menschen, die in der westlichen Welt aufgewachsen sind, werden Ihnen diese Dinge nennen, wenn Sie sie nach den Grundlagen ihrer Ethik fragen, auch wenn sie vielleicht auf Anhieb nur ein oder zwei dieser Prinzipien nennen könnten. Auf diesen Prinzipien beruhen alle weiteren ethischen Überlegungen unserer Kultur. Wenn Sie Ihre Kinder zu ethisch begründetem Verhalten erziehen möchten, können Sie sich an diesen zehn Prinzipien orientieren, um eine Liste mit allgemeingültigen ethischen Grundwerten zu erstellen.

Falls Sie diese Prinzipien noch nicht erkannt haben: Hier sind die Formulierungen, in denen sie uns normalerweise begegnen:

1. Ich bin Jahwe, dein Gott, der dich aus Ägypten geführt hat; aus dem Sklavenhaus.
2. Du sollst neben mir keine anderen Götter haben.
3. Du sollst den Namen des Herrn, deines Gottes, nicht mißbrauchen.
4. Gedenke des Sabbats, halte ihn heilig.
5. Ehre deinen Vater und deine Mutter.
6. Du sollst nicht morden.
7. Du sollst nicht die Ehe brechen.
8. Du sollst nicht stehlen.
9. Du sollst nicht falsch gegen deinen Nächsten aussagen.
10. Du sollst nicht nach dem Haus deines Nächsten verlangen. Du sollst nicht nach der Frau deines Nächsten verlangen … oder nach irgend etwas, das deinem Nächsten gehört.

■ Was bedeuten unsere ethischen Werte?

Daß hier die Zehn Gebote in einem nicht-religiösen Zusammenhang zitiert werden, erinnert uns wieder daran, daß unser ethisches System auf der jüdisch-christlichen Tradition beruht, ob wir uns nun zu einem religiösen Glaubenssystem bekennen oder nicht. Darüber hinaus erinnert es uns daran, was diese Lebensregeln eigentlich bedeuten. Sie geben uns Richtlinien, wie wir diejenigen Eigenschaften entwickeln können, die nötig sind, damit menschliches Zusammenleben funktioniert. Sie stellen den Bauplan einer idealen sozialen Ordnung dar – und das ist es, worum es bei Ethik letztendlich geht. Lassen Sie uns nun diese uralten Prinzipien näher betrachten. Lassen Sie uns sehen, ob wir sie in einer Weise verstehen können, die über das, was man in der Kirche über sie erfährt, hinausgeht. Und lassen Sie uns überlegen, wie wir diese Einsichten unseren Kindern vermitteln können.

Das erste Gebot: allgemeingültige moralische Prinzipien anerkennen

Das erste Gebot „gebietet" uns scheinbar gar nicht, irgend etwas zu tun. „Ich bin Jahwe, dein Gott, der dich aus Ägypten geführt hat; aus dem Sklavenhaus." Die meisten religiösen Lehrer legten dies als indirekte Aufforderung aus, an Gott zu glauben. Aber dieses Gebot sagt überhaupt nichts über Gläubigkeit.

Ich sehe es eher als eine *Herausforderung,* an eine „höhere Macht" zu glauben, an einen letzten Ursprung der Schöpfung und eine letzte Instanz, in der der Gegensatz zwischen „richtig" und „falsch" begründet liegt. Die

Israeliten waren Sklaven in Ägypten gewesen, und zu einem bestimmten Zeitpunkt zogen sie in die Freiheit. Deshalb feiert die jüdische Tradition die Freiheit als eines der grundlegendsten gottgegebenen Rechte des Menschen. Da fast jedes Volk in seiner Geschichte sowohl Unterdrückung als auch Befreiung erfahren hat, ist dieser Zusammenhang zwischen Freiheit und dem Glauben an Gott zu einem universalen Grundsatz westlicher Ethik geworden.

Deshalb beginnen die Zehn Gebote für mich mit dem Gedanken, daß „Gott" die Macht ist, die uns von einem Leben in Sklaverei zu einem Leben als freie Menschen führt. Das erste Gebot ist eigentlich ein Aufruf, Freiheit als ein Grundrecht zu verteidigen und anzuerkennen, daß der Funke der Freiheit, der in jedem menschlichen Geist steckt, ein Funke des universellen Geistes ist.

Sie können Ihren Kindern diesen Gedanken ohne den religiösen Zusammenhang nahebringen. Aber wenn Ihre Kinder zu ethisch handelnden Erwachsenen werden sollen, müssen sie begreifen, daß wir Menschen nicht die letzten Instanzen in unserem Leben sind. Sie müssen erkennen, daß es Kräfte im Universum gibt, wie immer wir sie auch nennen mögen, die stärker sind als wir und die uns mit Begeisterung und Ehrfurcht erfüllen. Sie müssen zu einer angemessenen Einschätzung dessen kommen, wo ihr Platz im Universum ist. Sie müssen eine mögliche Neigung zur Überheblichkeit überwinden und verstehen, warum Demut so wichtig ist.

Zeigen Sie Ihren Kindern Bilder von der Erde, die aus dem Weltraum aufgenommen wurden. Bitten Sie sie, Ihnen die Grenzen zwischen den verschiedenen Ländern zu zeigen. Nehmen Sie an ihrem „Aha-Erlebnis" teil, wenn sie plötzlich erkennen, daß es keine Grenzen gibt außer denen, die wir Menschen künstlich gezogen haben. So lernen Ihre Kinder ganz direkt etwas über die Einheit der Menschen: Uns trennen nur unsere Ängste und Unsicherheiten.

Wenn Sie auf die täglichen Handlungen Ihrer Kinder Einfluß nehmen, führt das allein noch nicht zu ethisch geleitetem Verhalten. Dieses muß auch aus dem tiefen Bewußtsein entstehen, mit allem Leben auf der Erde verbunden und für die Qualität des Lebens auf der Welt verantwortlich zu sein; aus dem Bewußtsein, daß wir nur kleine Tropfen im großen Ozean des Kosmos sind. Ihre Kinder können durch menschliche Erfahrungen, durch die Schönheit einer Blume, durch die Kraft der Liebe und des Mutes und durch befreiende Erfahrungen lernen, wo ihr Platz im Universum ist. Diese Einsicht ist es, die allgemeingültigen, ethischen Grundsätzen Gültigkeit und Kraft verleiht.

Das zweite Gebot: Götzendienst vermeiden

„Du sollst neben mir keine anderen Götter haben" bezieht sich nicht auf die Anbetung von Bildern oder den Glauben an exotische Religionen. Für uns heute kann Götzendienst alles sein, das so maßgebend für uns wird, daß unsere ethischen Werte an Wichtigkeit verlieren. Wir möchten unseren Kindern also beibringen, eben diese „falschen Götter" zu vermeiden.

Nehmen wir das Beispiel Sucht. Wenn wir dem Alkohol, Drogen, dem Essen, Spielen, oder irgendwelchen anderen selbstzerstörerischen Zwängen zum Opfer fallen, haben wir diese Gewohnheiten zu unseren „Göttern" gemacht. Sie bestimmen unser Denken und Handeln und werden zum wichtigsten Antriebsfaktor in unserem Leben.

Oder das Beispiel Habgier. Die Bibel lehrt uns nicht, daß „Geld die Wurzel allen Übels ist", sondern daß die *Gier* nach Geld ein Unglück für unsere Mitmenschen sein kann, weil sie uns blind für die Werte macht, die wirklich wichtig sind. Wenn Geld nicht mehr ein Mittel zum Zweck, sondern ein Selbstzweck ist, wird es zu einem falschen Gott.

Es ist kein Zufall, daß das „Ich-Jahrzehnt" (die siebziger Jahre) von einem „Jahrzehnt der Habgier" (die achtziger Jahre) abgelöst wurde. Der Götzendienst, der sich in Habgier niederschlägt, findet seinen Ausdruck auch im allgemeinen Luxus, der in unserer Kultur leider so alltäglich geworden ist. Zu viele Menschen tun so, als ob Überfluß ein Verdienst wäre, als ob von der Menge dessen, was sie konsumieren, abhinge, wie wertvoll sie als Menschen sind.

„Du sollst neben mir keine anderen Götter haben" lehrt uns, daß es wichtig ist, Götzendienst in allen Formen zu vermeiden. Wenn dieses Gebot heute geschrieben würde, riefe es uns vielleicht auf: „Bleibe nüchtern; kümmere dich um deinen Körper, deine Seele und deinen Geist; denke positiv und bejahe dein Leben." Maßlosigkeit beeinträchtigt die Fähigkeit unserer Kinder, sich im Leben nach den wichtigen Werten zu richten, ganz gleich, ob sie nun in der Form von bewußtseinsverändernden Drogen auftaucht oder in der Form von Geld oder Status oder als Personenkult um berühmte Persönlichkeiten.

Die wichtigen Werte vermitteln Sie Ihren Kindern, indem Sie sie ihnen vorleben. Wenn Sie Drogen nehmen, täglich Alkohol trinken oder sich gerne dazu hinreißen lassen, darüber zu reden, wieviel Geld Sie verdienen oder einmal verdienen möchten; wenn Sie darüber klagen, daß Sie Ihre materiellen Ziele nicht erreichen oder so handeln, als sei das Ansammeln von Besitztümern der Sinn Ihres Lebens, dann führen Sie Ihre Kinder dazu, Götzendienst zu tun.

Hier ist ein Vorschlag, wie Sie als Familie herausfinden können, welche Dinge Ihnen im Leben wichtig sind: Bitten Sie jedes Familienmitglied, einmal aufzuschreiben, was seiner Meinung nach die drei wichtigsten Dinge in Ihrem Haushalt sind (Kinder, die noch nicht schreiben können, können eine mündliche Liste machen). Vergleichen Sie Ihre Notizen. Fragen Sie, was geschehen würde, wenn diese Dinge in einem Feuer zerstört würden. Wie wichtig sind sie für Ihre Familie? Was wäre, wenn Sie sie verlören?

Bitten Sie anschließend alle Familienmitglieder, die drei wichtigsten „Dinge" in Ihrer Familie zu notieren, die eigentlich keine *Dinge* sind: Menschen, Beziehungen, Gefühle, Charaktereigenschaften und so weiter. Fordern Sie Ihre Kinder dann auf, sich vorzustellen, wie anders Ihr Leben wäre, wenn *diese* Dinge fehlten. Es wird sofort klar werden, welches Ihre wahren Werte sind. Sogar kleine Kinder werden verstehen, daß es wichtiger ist, Liebe zu haben, zu lachen und frei zu sein, als das neueste Computerspiel zu besitzen oder eine Puppe, die sich in ein Flugzeug verwandeln kann.

Das dritte Gebot: glaubwürdig sein

„Du sollst den Namen des Herrn, deines Gottes, nicht mißbrauchen" wird oft mißverstanden als ein Verbot zu fluchen oder das Wort „Gott" in einem nicht-religiösen Sinn zu gebrauchen. Die eigentliche Bedeutung bezieht sich jedoch auf den alten Brauch, sich auf Gott zu berufen, wenn man ein Gelübde oder ein Versprechen ablegt,

202

etwa so wie das Heben der rechten Hand, verbunden mit dem Satz „so wahr mir Gott helfe", wenn man bei Gericht schwört, die Wahrheit zu sagen. Wenn Sie das tun, ohne das Versprechen wirklich einhalten zu wollen, benutzen Sie Gott als spirituellen Bürgen, obwohl Sie eigentlich lügen, und entwürdigen so den Namen Gottes.

Das dritte Gebot fordert uns daher auf, glaubwürdig zu sein. Es ermahnt uns, jemand zu sein, auf den andere sich verlassen können, jemand, dessen „Ja" ein Ja ist und dessen „Nein" ein Nein ist. Es warnt uns, Gottes Namen nicht fälschlich oder in leichtsinniger Weise zu gebrauchen, wenn wir Versprechen eingehen – wobei „Gott" hier für unsere höchsten und wichtigsten Werte steht. Wenn wir bereit sind, diese Werte verächtlich zu machen, indem wir sie dazu benutzen, andere zu belügen, haben wir das Vertrauen anderer offensichtlich nicht verdient.

Wie Sie wissen, lernen Ihre Kinder, wie wichtig Glaubwürdigkeit ist, wenn sie erleben, daß Sie im Umgang mit anderen glaubwürdig sind. Sie können dem Nachdruck verleihen, indem Sie darauf bestehen, daß Ihre Kinder ihr Wort halten und sie daran erinnern, wie es ist, von Menschen im Stich gelassen zu werden, mit deren Zuverlässigkeit es nicht sehr weit her ist. Wenn Sie selbst diese Erfahrung machen, sollten Sie Ihren Kindern zeigen, wie enttäuscht Sie sind und wie entmutigend es für Sie ist, in einer Welt zu leben, in der man sich nicht darauf verlassen kann, daß die Leute meinen, was sie sagen. Betonen Sie, wie sehr Sie diejenigen Menschen achten und bewundern, die Ihr Vertrauen verdienen.

Es gibt unzählige Möglichkeiten, wie Sie Ihren Kindern den Unterschied zwischen Glaubwürdigkeit und ihrem Gegenteil zeigen können. Loben Sie sie jedesmal, wenn sie ein Versprechen wirklich einhalten, auch bei Routineangelegenheiten, zum Beispiel wenn sie zu einer bestimmten Zeit zu Bett gehen oder die Hausaufgaben zu Ende bringen, bevor sie den Fernseher einschalten. Die Einzelheiten sind unwichtig. Worauf es ankommt, ist, daß Sie ihnen zeigen, wie stolz Sie sind, wenn sie sich vertrauenswürdig und zuverlässig verhalten. Lassen Sie keine Gelegenheit ungenutzt, um zu betonen, wie wichtig Ihnen diese Charaktereigenschaften sind und welche entscheidende Rolle sie spielen, wenn wir diese Welt zu einem besseren Ort machen möchten.

Das vierte Gebot: das Leben heilig halten

Was bedeutet „heilig" überhaupt? In unserer spirituellen Tradition zeigt sich „Heiligkeit" in dem, was Menschen tun, hat aber nichts mit Meditation oder einer Abwendung von der Welt zu tun. „Heiligkeit" bedeutet, auf eine Weise zu handeln, die unsere höchsten Werte und Ideale zu einem Bestandteil unseres täglichen Lebens macht. Das vierte Gebot kann Ihnen helfen, Ihren Kindern bewußt zu machen, was alles in ihrer Macht steht und daß sie dies in die Praxis umsetzen sollten. Dieses Gebot kann Ihren Kindern zeigen, daß sie es nicht zulassen sollten, daß äußere Kräfte über ihr Leben bestimmen.

Der „Sabbat" kann ein Symbol dafür sein, daß wir unser Leben selbst in die Hand nehmen sollten. Er erinnert uns daran, daß wir ein Bewußtsein haben. Wir Menschen sind nicht wie Tiere, die nicht anders können, als ihrem genetisch festgelegten Instinkt zu folgen. Wir sind in der Lage, bewußte Entscheidungen zu treffen und so über die meisten wichtigen Dinge in unserem Leben selbst zu bestimmen. „Gedenke des Sabbats, halte ihn heilig" kann also bedeuten, daß wir uns Zeit nehmen, darüber nachzudenken, wer wir sind und wer wir sein wollen.

Sie können das Verständnis Ihrer Kinder für diese Dinge am besten fördern, wenn Sie sie dazu erziehen, begründete Entscheidungen zu treffen. Beginnen Sie damit, wenn Ihre Kinder noch klein sind, indem Sie ihnen Wahlmöglichkeiten anbieten und sie loben, wenn sie positive, konstruktive Entscheidungen getroffen haben. Helfen Sie Ihren Kindern, während sie heranwachsen, Strukturen zu schaffen, in denen Arbeit und Freizeit, Schule und Spiele im Freien gleichermaßen einen Platz haben, und weisen Sie sie darauf hin, wie wichtig dieses ausgeglichene Verhältnis für ihr Leben ist. Versuchen Sie, die alltäglichen Erfahrungen Ihrer Kinder in einen ethischen Zusammenhang zu stellen, der diesen Erfahrungen einen Rahmen gibt. Wenn Sie zum Beispiel bemerken, daß Ihr Kind einem anderen Menschen hilft, ist es wichtig, ihm zu sagen: „Ich bin stolz auf dich, wenn du dich um andere sorgst", oder: „Danke, daß du dazu beigetragen hast, die Welt zu einem schöneren Ort zu machen."

Es kommt darauf an, daß Kinder erkennen, daß sie aus ihrem Leben etwas Besonderes machen können – etwas „Heiliges", wenn Sie so wollen. Wenn sie anderen Menschen etwas von sich weitergeben oder wenn sie sich Zeit nehmen, einen schönen Sonnenuntergang zu beobachten, bringen sie Heiligkeit in ihr Leben.

Das fünfte Gebot: Harmonie innerhalb der Familie schaffen

„Ehre deinen Vater und deine Mutter" ist nicht nur eine Ermahnung, seine Eltern zu achten. Dieses Gebot sagt etwas darüber aus, wie wichtig Harmonie innerhalb der Familie ist und daß wir dafür verantwortlich sind, allen

Mitgliedern der Familie mit Achtung und Würde zu begegnen. Es erinnert uns daran, daß die Familie der Kern und die Grundlage der Gesellschaft ist. Sie kann ihre Aufgabe nur erfüllen, wenn sie dazu beiträgt, daß Kinder emotional stabil werden und die Menschen achten können, die die Welt, die sie erben, geformt haben.

Achtung vor dem anderen ist auf vielfältige Weise zentral für moralisches Verhalten in der Gesellschaft. Sie ist der Wert, der hinter dem vielleicht bekanntesten aller ethischen Grundsätze steht: „Behandle den anderen so, wie du von ihm behandelt werden möchtest." Diese sogenannte „Goldene Regel" ist eine Maxime der gegenseitigen Achtung, die mit dem fünften Gebot Hand in Hand geht. Wenn Sie ein ethisches Umfeld schaffen möchten, in dem Ihre Kinder Sie achten, dann zeigen Sie ihnen, daß Sie sie ebenfalls achten. Wenn Ihre Kinder das Gefühl haben, als Menschen nicht wertvoll genug zu sein, um Ihre Achtung zu verdienen, können sie unmöglich den Grundsatz verinnerlichen, daß sie andere achten müssen. Dies gilt für Kinder in jedem Alter, aber ganz besonders für Teenager. Sie müssen ihnen durch Ihren täglichen Umgang mit ihnen zeigen, daß Sie ihre Meinungen respektieren. Sie müssen ein Gleichgewicht zwischen der Notwendigkeit schaffen, einerseits Ihre Autorität, wenn nötig, zu behaupten und andererseits Ihren Kindern dadurch Achtung zu erweisen, daß Sie ihnen die Freiheit geben, eigene Entscheidungen zu treffen.

Eine weitere Art, wie Sie Ihren Kindern diesen Wert auf direkte Weise nahelegen können, besteht darin, ihnen zu zeigen, daß Sie Ihre eigenen Eltern ebenfalls ehren. Wenn Sie Ihren Eltern zum Beispiel eine Geburtstags- oder Glückwunschkarte schicken, können Sie Ihren Kindern erklären, daß es auch für Erwachsene wichtig ist, die Eltern zu achten. Jedesmal, wenn Ihre Kinder Ihnen durch noch so kleine Beweise der Höflichkeit und Aufmerksamkeit zeigen, daß sie Sie achten, haben Sie Gelegenheit, sie dafür zu loben, daß ihnen die Harmonie innerhalb Ihrer Familie am Herzen liegt.

Das sechste Gebot: menschliches Leben ehren

„Du sollst nicht morden" wird oft falsch übersetzt mit „Du sollst nicht töten." Die meisten Menschen sind sich einig, daß Morden nicht dasselbe ist wie Töten. Die meisten ethischen Wertesysteme – einschließlich der Tradition, aus der diese Gebote stammen – nehmen das Töten in Notwehr von diesem Gebot aus oder verzeihen es sogar. Die meisten erkennen auch die Unvermeidbarkeit von Kriegen an.

Wie dem auch sei – was hat dieses Gebot mit Kindererziehung zu tun? Die meisten Eltern müssen sich (gottlob!) nicht besonders anstrengen, um ihren Kindern verständlich zu machen, daß morden moralisch falsch ist.

Uns interessiert die tiefere Bedeutung dieses Gebots. Unsere Aufgabe als Eltern ist es, unseren Kindern zu vermitteln, daß menschliches Leben unantastbar ist und daß jeder Mensch ihre Achtung verdient, weil er einen „göttlichen Funken" in sich trägt. Mord (und Krieg) gibt es letztendlich, weil Menschen dazu in der Lage sind, andere für weniger menschlich zu halten als sich selbst. Für den „Feind" benutzt man immer entwürdigende sprachliche Ausdrücke, die ihn entmenschlichen und es ermöglichen, daß wir uns emotional von ihm distanzieren. Bezeichnungen wie „Kanake", „Schlitzauge", „Japs", „Schlampe", „Hure", „Pfeife", „Schwuchtel" lassen Menschen weniger menschlich erscheinen und machen es deshalb leichter, sie zu töten.

Das sechste Gebot kann uns daher daran erinnern, daß alle Menschen die gleichen Hoffnungen, Träume, Enttäuschungen und Sehnsüchte teilen, unabhängig von Hautfarbe, Geschlecht, Sprache, Religion, Nationalität oder Lebensumständen. Bringen Sie Ihren Kindern nicht nur bei, Menschen, die anders sind, zu achten, sondern zeigen Sie ihnen auch, was sie von ihnen lernen können. Halten Sie sie davon ab, entmenschlichende Ausdrücke für irgendeine Gruppe von Menschen zu benutzen. Lachen Sie nicht über Witze und erzählen sie selbst keine, in denen in herabwürdigender Weise über bestimmte ethnische Gruppen gesprochen wird, und lassen Sie es nicht zu, daß andere in Ihrer Gegenwart solche Witze erzählen. Wenn Sie sich an diese Richtlinien halten, vermitteln Sie Ihren Kindern, daß alle Menschen Würde besitzen und zeigen ihnen letztendlich auch, warum es uns verboten ist, andere Menschen zu morden.

Das siebte Gebot: Verpflichtungen eingehen und erfüllen können

„Du sollst nicht die Ehe brechen" wird normalerweise als ein Thema gesehen, das nur Erwachsene angeht. Dem siebten Gebot liegt jedoch der Gedanke zugrunde, daß die Stabilität innerhalb einer Familie wichtig ist – damit ist sicherlich die Institution der Ehe gemeint, aber auch jede andere ernsthafte und liebevolle Beziehung. Zuviele Menschen wachsen heute in Familien auf, in denen es herzlich wenig Vertrauen gibt. Kinder brauchen Grenzen und eine Struktur, auf die sie sich verlassen können. Sie brauchen Eltern, die ihnen bedingungslose Liebe schenken, die ihr Selbstwertgefühl fördern und die um sie herum eine Welt errichten, die ihnen Sicherheit und Schutz bietet. Wenn Sie Ihren Kindern, solang sie noch klein sind, vermitteln, wie wichtig vertrauensvolle Beziehungen sind, werden sie eher in der Lage sein, solche Beziehungen auch wirklich einzugehen, wenn sie erwachsen sind.

Sie können die Grundlagen für solche Beziehungen schaffen, indem Sie Ihren Kindern die Zuverlässigkeit und Verbindlichkeit und das Durchhaltevermögen vorleben, das sie brauchen. Jedesmal, wenn ein Kind einem Freund gegenüber ein Versprechen einhält oder pünktlich zu einer Verabredung erscheint, beweist es, wie zuverlässig es ist. Ein Kind lernt, welche Auswirkungen fehlende Verläßlichkeit hat, wenn ein Freund, der versprochen hatte, mit ihm an einer Hausaufgabe zu arbeiten, in der letzten Minute einen Rückzieher macht. Durch jedes Ereignis dieser Art können Ihre Kinder etwas lernen, und Sie haben die Gelegenheit, Ihren Kindern gegenüber zu betonen, daß die Zusagen, die wir einander machen, sehr wichtig sind. Solche Ereignisse erinnern uns daran, daß jeder von uns im Leben der anderen Familienmitglieder und im Leben der Freunde eine wichtige Rolle spielt.

Das achte Gebot: die Rechte anderer achten

Für viele Kinder (und Erwachsene) ist die Forderung „Du sollst nicht stehlen" eine Frage der Selbstachtung. Stehlen kann Ausdruck einer inneren Bedürftigkeit sein, die aus Unsicherheit, Anspannung, Beklemmung oder Angst entsteht. Anspruch auf Dinge zu erheben, die anderen gehören, kann eine Strategie darstellen, auf negative Weise Kontrolle über das eigene Umfeld zu erlangen.

Das achte Gebot kann dazu dienen, Achtung vor den Rechten anderer in einer Welt zu lehren, in der man sonst immer an sich selbst zuerst denkt. Bei sehr kleinen

Kindern ist es angemessen, an den Grundsatz des „eins fürs andere" zu appellieren: Du stiehlst nicht, weil du nicht willst, daß andere dich bestehlen. Wenn Ihre Kinder älter werden, können Sie ihnen erklären, daß Stehlen falsch ist, weil wir eine Welt schaffen möchten, in der wir gerne leben: eine Welt des Vertrauens, der Gerechtigkeit, der Würde und des Mitgefühls. Um eine solche Welt zu schaffen, müssen wir alles tun, damit die Realität diesem Ideal mehr und mehr entspricht.

Das neunte Gebot: durch Ehrlichkeit Vertrauen schaffen

Wie die zwei vorausgegangenen Gebote erinnert uns „Du sollst nicht falsch gegen deinen Nächsten aussagen" daran, wie wichtig Zuverlässigkeit für zwischenmenschliche Beziehungen ist. In diesen einfachen, direkten Botschaften sind die grundlegenden Prinzipien enthalten, die notwendig sind, um Stabilität, Sicherheit und menschliche Würde zu garantieren, sei es in Beziehungen zwischen Partnern, unter Nachbarn oder zwischen Eltern und Kindern.

„Falsch aussagen" ist in der Kindersprache „lügen". Wenn Sie das neunte Gebot neu formulieren als „Du sollst nicht lügen", wird sofort klar, wie relevant es für das Leben von Kindern ist. Fast jedes Kind lügt hin und wieder. Ihre „falsche Aussage" mag so harmlos sein wie etwa zu behaupten, mit den Hausaufgaben fertig zu sein oder zu bestreiten, daß sie das letzte Stück Kuchen gegessen haben. Für Kinder ist Lügen oft eine Art, zu testen, wie tolerant oder nachsichtig die Erwachsenenwelt gegenüber inakzeptablem Verhalten ist. Es ist eine der Arten, wie Kinder ausprobieren, wo die Grenzen sind. Von den Eltern erwarten sie dann (wenn auch unbewußt), daß sie einschreiten. Ihre Aufgabe ist also unter anderem, Ihren Kindern deutlich zu machen, wie wichtig die Wahrheit ist, und bei jeder Gelegenheit auf ihr zu bestehen.

Lügen und vor allem das Verbreiten von Lügen über andere Menschen kann schlimme Folgen haben. Verleumdungen haben schon den Ruf vieler Menschen ruiniert. Ganze Familien sind schon durch bösartige Gerüchte auseinandergerissen worden. Jedes Kind kann sich an Situationen erinnern, in denen jemand etwas über es gesagt hat, das nicht stimmte. Bitten Sie Ihr Kind, sich an einen solchen Vorfall zu erinnern. Wie fühlte es sich damals? Was dachte es über die andere Person? Was hätte es möglicherweise tun können (falls es überhaupt etwas hätte tun können), um dem entgegenzuwirken, was die Leute aufgrund dieser Lüge von ihm denken mochten? Sie könnten mit Ihrem Kind ein Rollenspiel durchführen, in dem ein Mensch durch falsche Gerüchte schikaniert wird. Fordern Sie es auf, sich Verhaltensregeln zu überlegen, die die Menschen daran erinnern, wie verletzend und schmerzlich diese Erfahrung sein kann.

„Falsche Aussagen" untergraben unser Vertrauen in das Rechtssystem und die Glaubwürdigkeit im öffentlichen Leben, das wichtig für den Zusammenhalt unserer Gesellschaft ist. Ein gewählter Funktionär, der Bestechungsgelder annimmt, der Geschäftsführer einer Firma, der Gesetze manipuliert, um sich persönlich zu bereichern oder ein spiritueller Lehrer, der die ethischen Prinzipien, die er predigt, offensichtlich mißachtet, sind Beispiele für Menschen, die das neunte Gebot nicht achten. Leider finden wir fast täglich in den Medien Beispiele, die uns helfen, unseren Kindern dies bewußt zu machen.

Das zehnte Gebot: froh sein über das, was man hat

Der Schlüssel zu Zufriedenheit im Leben liegt im zehnten Gebot: „Du sollst nicht nach dem Haus deines Nächsten verlangen": Wünschen Sie sich nicht die Dinge, die andere haben. Der Wunsch, ebenfalls zu besitzen, was andere haben, hat wahrscheinlich schon mehr Unzufriedenheit hervorgerufen als jede Wirtschaftskrise und jede Rezession der Geschichte. Es ist tatsächlich so, daß wir meinen, immer noch mehr von etwas zu brauchen, egal wieviel wir davon bereits haben – mehr Geld, mehr Besitz, mehr Liebe, mehr Raum, mehr Zeit, mehr Vergnügen. Diese Tatsache ist eine der größten Ursachen für Unzufriedenheit, Eifersucht und Wut unter den Menschen.

Das zehnte Gebot stellt eine raffinierte Methode dar, wie man Erfüllung und Glück im Leben finden kann. Wenn wir all die Dinge, die uns das Leben bietet, wirklich schätzen lernen, egal wie alt oder wie weit wir in unserer Entwicklung fortgeschritten sind, entdecken wir, wie man im Leben Zufriedenheit und Freude finden kann. Sowohl wir selbst als auch unsere Kinder können jederzeit diese Entdeckung machen, denn sie hängt nur von einem ab – von unserer Einstellung. Wenn unsere grundlegenden Bedürfnisse einmal gestillt sind, hängt unser Glück nicht mehr von den äußeren Umständen unseres Lebens ab, sondern davon, mit welcher Einstellung wir diesen Erfahrungen begegnen. „Du sollst nicht nach dem Haus deines Nächsten verlangen" erinnert uns daran, daß Glück von innen kommt.

Es ist sehr wichtig, Ihren Kindern deutlich zu machen, daß sie die Gaben und Wunder, mit denen ihr Leben gesegnet ist, würdigen müssen. Sie können dies auf eine

einfache Weise tun, indem Sie einmal alle Familienmitglieder dazu auffordern, die Dinge zu nennen, die
ihnen am meisten bedeuten. Eine lange Autofahrt wäre
eine gute Gelegenheit dafür. Welche „Dinge" in ihrem
Zimmer, in ihrem Zuhause, in ihrer Schule oder an
ihrem Arbeitsplatz sind ihnen am liebsten? Welche Verwandten und Freunde haben sie am liebsten? Wo gehen
sie am liebsten hin, was sehen sie sich am liebsten an,
oder was tun sie am liebsten? Auf welche Begabungen,
Fähigkeiten oder Charaktereigenschaften sind sie besonders stolz?

Wenn Ihre Familie alle diese Dinge aufgezählt hat,
könnten Sie über die vielen Kinder auf der Welt sprechen, die all dies nie erfahren haben und auch wahrscheinlich nie erfahren werden. Es kommt nicht darauf
an, sich schuldig zu fühlen, weil man etwas hat, was andere nicht haben, sondern darauf, daß wir selbst und unsere Kinder uns darin üben, die Dinge zu würdigen, die
uns gegeben sind.

■ Die Kraft moralischer Aphorismen

Begnügen Sie sich nicht mit den Zehn Geboten. Es gibt
viele weitere Arten, wie Sie Ihrer Familie Ihre eigenen
Vorstellungen von ethisch geleitetem Verhalten mitteilen
können. Kinder mögen zum Beispiel kurze, leicht ver-
ständliche Aphorismen, wie sie viele von uns bei den Eltern gelernt haben. Solche Aphorismen können einen
moralischen Gehalt haben, wie zum Beispiel „Hilf dir
selbst, dann hilft dir Gott", oder „Nimm deine Arbeit
ernst und nicht dich selbst". Diese moralischen Aphorismen oder Sprichwörter sind eine weitverbreitete Art,

Kindern das Beste unserer gemeinsamen moralischen Tradition weiterzugeben. Durch sie erhalten unsere Kinder nützliche ethische Richtlinien für bestimmte Situationen.

Jeder kennt ein paar dieser Redensarten – weise Worte, die „meine Mutter oder mein Vater immer sagte". Durch diese kurzen, leicht zu merkenden moralischen Aphorismen können wir etwas über Ethik lernen. Erst wenn wir plötzlich feststellen, daß wir uns in einem schwierigen Augenblick nach ihnen richten, merken wir, daß wir sie verinnerlicht haben. Denken Sie zum Beispiel an die Nichters, die obdachlose Familie, die ich zu Anfang dieses Buches erwähnt habe, und die eine Brieftasche voller Geld zurückgab. Ich bezweifle, daß Pauline Nichter im Alltag immer bewußt an „Ehrlich währt am längsten" oder irgendeinen ähnlichen Spruch dachte. Aber als sie sich überlegte, was sie mit der Brieftasche tun sollte, hörte sie im Geiste immer wieder die Stimme ihrer Mutter, und die sagte ihr, daß sie jetzt „das Richtige tun müsse". So schilderte sie es den Reportern.

Der „innere Erzieher" spricht in Aphorismen

Wir alle tragen einen „inneren Erzieher" in uns, der uns durch diese kurzen, prägnanten Sprüche daran erinnert, daß wir rücksichtsvoll sein müssen und moralische Verantwortung haben. Manchmal hören wir nicht die Stimme eines Elternteiles, sondern die einer Großmutter oder eines Großvaters, die Stimme eines Lehrers oder die einer anderen Person. Während nämlich moralische Vorbildlichkeit und ausführliche verbale Erklärungen Werte vermitteln, erinnern uns die moralischen Aphorismen als leicht greifbare Merksätze daran, durch welches Verhalten diese Werte verwirklicht werden können. Sie sind es, die uns in Situationen bewußt werden, in denen unsere Werte auf die Probe gestellt werden.

Es gibt Dutzende dieser moralischen Sprichwörter, wenn nicht sogar hunderte. Einige sind in dem Kasten „Moralische Aphorismen als Verhaltensregeln" aufgelistet. Manche von ihnen hat sicher jeder schon einmal gehört; andere, die mir selbst neu waren, lernte ich in den Lehrerausbildungs-Seminaren kennen, die ich früher geleitet habe.

Moralische Aphorismen als Verhaltensregeln

„Ehrlich währt am längsten."

„Verträge muß man halten."

„Wer einmal lügt, dem glaubt man nicht."

„Die Tugend ist sich selbst genug."

„Wenn du nichts Nettes sagen kannst, sage lieber gar nichts."

„Ein Spatz in der Hand ist besser als eine Taube auf dem Dach."

„Wenn man die Wahrheit sagt, braucht man sich nicht zu merken, was man gesagt hat." oder: „Wer lügt, braucht ein gutes Gedächtnis."

„Lache, und die Welt lacht mit dir."

„Auch ein kleiner Stern strahlt in der Dunkelheit."

„Immer, wenn du glaubst, es geht nicht mehr, kommt von irgendwo ein Lichtlein her."

„Ein freundliches Wort kann Wunder wirken."

„Ein liebevolles Elternhaus ist wichtiger als alle Reichtümer der Welt."

„Es gibt nichts Gutes, außer man tut es."

„Langeweile ist eine Sünde."

„Verlorene Zeit findet man nie wieder."
„Gold und Liebesaffären lassen sich nur schwer ver-
stecken."
„Auf Männer und Busse soll man nicht warten. Der
nächste kommt bestimmt."
„Träume werden nicht von alleine wahr, man muß etwas
dafür tun."

Suchen Sie nach passenden Momenten, in denen Sie
Ihren Kindern solche bewährten Lebensweisheiten mitgeben können. Diese leicht verständlichen Wendungen,
deren Umsetzung in die Tat eine gewisse Herausforderung darstellt, können ihnen in bestimmten ethischen
Entscheidungssituationen eine wichtige Hilfe sein. Vergessen Sie jedoch nicht, daß alle schlagkräftigen Sprichwörter in allen Sprachen der Welt Ihre Kinder nicht zu
ethisch handelnden Erwachsenen machen werden, wenn
diese Sprichwörter nicht die Verhaltensweisen widerspie-
geln, die Ihre Kinder im täglichen Verhalten ihrer erwachsenen Vorbilder erleben. Und diese Vorbilder sind
Sie.

Altbewährte Sprichwörter können nie die gleiche
Funktion erfüllen wie vorbildliches Verhalten und bewußte moralische Belehrung. Aber es ist sehr beruhigend
zu wissen, daß Ihre Kinder die innere Stimme des Gewissens hören werden, wenn sie vor ethischen Entscheidungen stehen. Diese Stimme wird sie durch einen passenden kurzen Spruch daran erinnern, „das Richtige zu
tun", und sie wird Ihre Stimme sein.

Die Zehn Gebote (in einem religiösen oder einem
nicht-religiösen Zusammenhang), moralische Aphorismen und die Anregungen in diesem Buch sind wahr-

scheinlich nur ein paar der vielen ethisch begründeten Gedanken, Werte und Grundsätze, die Sie Ihren Kindern mitteilen möchten. Ich glaube fest daran, daß Ihr persönliches Engagement, Ihre Kinder zu charakterstarken Menschen zu erziehen, dazu führen wird, daß Sie eines Tages voll Stolz und Zufriedenheit zurückblicken können und sehen werden, daß die Welt durch Sie ein besserer Ort geworden ist.

Danksagung

Dieses Buch wäre ohne das Vertrauen, die Unterstützung und das Engagement von Marlene Canter nicht möglich gewesen. Seit mehr als zehn Jahren begegnet sie meinen Gedanken über ethische und spirituelle Erziehung mit Freude und Offenheit und mit viel Begeisterung dafür, daß man die Welt durch Ideen verändern kann. Sowohl Marlene als auch Lee Canter waren für mich Quellen der Inspiration. Sie haben viele neue und wichtige Gedanken in das Leben von Kindern eingebracht, und ich bin ihnen dankbar, daß sie mich in meinem persönlichen Anliegen unterstützen, Kindern die Gewißheit zu vermitteln, daß es eine große Rolle spielt, wer sie sind.

Mark Falstein, der mir half, dieses Buch zu etwas zu machen, das hoffentlich vielen Eltern sinnvoll und nützlich erscheinen wird, und der dazu beitrug, meine Ideen leicht verständlich und mitteilbar zu machen, bin ich zu tiefem Dank verpflichtet.

Barbara Schadlow, Carol Provisor, Toby Bernstein und den bewundernswerten Mitarbeitern bei Canter & Associates, die jeden Menschen mit einem fröhlichen Lächeln und einer ansteckenden Begeisterung für ihre Arbeit begrüßen, bin ich dankbar dafür, daß sie mich in ihre ungewöhnliche Familie aufgenommen haben.

Vor allem danke ich meiner Frau, Didi Carr Reuben. Sie ist mir Partnerin und seelenverwandte Freundin; sie

ist meine tägliche Quelle der Freude, der Kraft und bedingungsloser Liebe und ein lebendes Vorbild all dessen,
was wahrer Charakter bedeuten kann. Ihre Güte, ihr
Mitgefühl und ihre unbezwingbare Lebensfreude sind
eine Inspiration für jeden Menschen, der ihr begegnet.

Verzeichnis der zitierten sowie ins Deutsche übersetzten Literatur

Bettelheim, Bruno: A Good Enough Parent. New York, 1988.

Clemens, H. / Bean, R.: Self-Esteem: The Key to Your Child's Well-Being. New York, 1981.

Coles, Robert: Moralische Intelligenz oder Kinder brauchen Werte. Berlin, 1996.

Coopersmith, Stanley: The Antecedents of Self-Esteem. San Francisco, 1967.

Dinkmeyer, Don: „Teaching Responsibility, Developing Personal Accountability Through Natural and Logical Consequences." In: Shiff, Eileen (Hrsg.): Experts Advise Parents. New York, 1987, S. 183.

Dreikurs, Rudolf / Grey, Loren: Kinder lernen aus den Folgen. Wie man sich Schimpfen und Strafen sparen kann. 16. Auflage. Freiburg, 1998.

Frankl, Viktor E.: Das Leiden am sinnlosen Leben. Psychotherapie für heute. 8. Auflage. Freiburg, 1997.

Hendricks, Howard: „Family Happiness Is Homemade." In: Family Concern, Bd. 7, Nr. 3 (März 1989).

Kohlberg, Lawrence: Die Psychologie der Moralentwicklung. Hrsg. von Althof, Wolfgang unter Mitarbeit von Noam, Gil u. Oser, Fritz. Frankfurt am Main, 1996.

Lickona, Thomas: Wie man gute Kinder erzieht. Die moralische Entwicklung des Kindes von der Geburt bis zum Jugendalter und was Sie dazu beitragen können. München, 1989.

Magid, Ken/McKevey, Carol: High-Risk Children Without a Conscience. New York, 1987.

Marston, Stephanie: The Magic of Encouragement. New York, 1990.

Piaget, Jean: Das moralische Urteil beim Kinde. Stuttgart, 1983.

Simon, Sidney/Simon, Suzanne: Verstehen – Verzeihen – Versöhnen. Wie man sich selbst und anderen vergeben lernt. München, 1993.

White, John: Eltern im Schmerz. Ein Buch voller Trost und Rat. Marburg, 1990.

Kindern leben helfen

Klaus Hurrelmann / Gerlinde Unverzagt
Kinder stark machen für das Leben
Herzenswärme, Freiräume, klare Regeln
192 Seiten, Klappenbroschur
ISBN 3-451-26476-5
Wärme – Regeln – Freiraum – das „magische Dreieck", das Eltern hilft,
innere Stärke und Selbständigkeit an ihre Kinder weiterzugeben.

Patricia H. Berne / Louis M. Savary
Kinder brauchen Selbstvertrauen
Tips und Ratschläge für Eltern
Aus dem Amerikanischen von Peter Brandenburg
160 Seiten, Klappenbroschur
ISBN 3-451-23752-0
Das Fundament für ein glückliches Leben wird in der Kindheit gelegt.

Peter Veith
Eltern machen Kindern Mut
Zuhören, achten, verstehen lernen
Mit vielen Skizzen und Piktogrammen
208 Seiten, Klappenbroschur
ISBN 3-451-26284-3
Wie Kinder gestärkt werden – ohne Vorwürfe, Kritik und Strafe.

George H. Orvin
So richtig in der Pubertät
Was Eltern lassen sollten und was sie tun können
224 Seiten, Klappenbroschur
ISBN 3-451-26360-2
Gerade jetzt brauchen Kinder ihre Eltern. Ein Buch, das zeigt, wie Sie ein
gelassenes Gefühl für das bekommen, was jetzt ansteht.

Ruth Eder
Dauernd ist sie beleidigt
Wie Töchter und Mütter gut durch die Pubertät kommen
ISBN 3-451-26373-4
Das „Drama" der Ablösung – Rat und Orientierung für Mütter und Töch-
ter auf dem Weg durch die Turbulenzen der Pubertät.

HERDER

Chantal de Truchis
Die ersten Schritte in die Welt
Wie Ihr Kind vertrauen lernt und selbständig wird
160 Seiten, Klappenbroschur
ISBN 3-451-26288-6
Chantal de Truchis zeigt – in der Weiterentwicklung des bewährten Emmi-Pikler-Ansatzes – wie Eltern die Selbständigkeit und das Vertrauen ihrer Kinder fördern können.

Karin Schaffner
Mit allen Sinnen die Welt erfahren
Geschichten und Spielanregungen für Kinder und Eltern
128 Seiten, Klappenbroschur
ISBN 3-451-26283-5
Spiel und Spaß für Erwachsene und Kinder – und wie Kinder dabei lernen.

Michael Kalff
Kinder erfahren die Stille
Naturmeditationen für Kinder und Eltern
192 Seiten, Klappenbroschur
ISBN 3-451-26225-8
Michael Kalff ermöglicht Kindern und Eltern, die neuen, kleinen Dinge der Natur gemeinsam zu entdecken.

Gertrud Kaufmann-Huber
Kinder brauchen Rituale
Ein Leitfaden für Eltern und Erziehende
160 Seiten, Klappenbroschur
ISBN 3-451-23574-9
Rituale sind wichtig für die kindliche Entwicklung, aber die richtigen müssen es sein.

Verena Rossetti-Gsell
Spielen - Sprache der kindlichen Seele
Erkenne dein Kind im Spiel
160 Seiten, Klappenbroschur
ISBN 3-451-26227-4
Was Kinder nicht in Worte fassen können, drücken sie oft in ihren Spielen aus. Eine Anleitung für Eltern, die spielerischen Handlungen ihrer Kinder besser zu begreifen.

HERDER